Harald Gapski/Lars Gräßer (Hrsg.)

Medienkompetent in Communitys – Sensibilisierungs-, Beratungs- und Lernangebote

Schriftenreihe Medienkompetenz des Landes Nordrhein-Westfalen

Band 8

Harald Gapski/Lars Gräßer (Hrsg.)

Medienkompetent in Communitys

Sensibilisierungs-, Beratungs- und Lernangebote

Düsseldorf – München
www.kopaed.de

Bibliografische Information der Deutschen Nationalbibliothek:
Die Deutsche Nationalbibliothek verzeichnet diese Publikation in der Deutschen Nationalbibliografie; detaillierte bibliografische Daten sind im Internet über http://dnb.d-nb.de abrufbar.

ISBN 978-3-86736-208-5

In der Schriftenreihe Medienkompetenz des Landes Nordrhein-Westfalen vertreten die Autorinnen und Autoren ihre eigene Meinung, ohne dass diese notwendigerweise die Meinung des Landes Nordrhein-Westfalen widerspiegelt.

Die Veröffentlichung entstand mit freundlicher Unterstützung der Staatskanzlei des Landes Nordrhein-Westfalen.

Verlag: kopaed verlagsgmbh

Umschlaggestaltung: Georg Jorczyk

Satz und Layout: buchgestaltung.de

Inhalt

Vorwort

studiVZ, schülerVZ oder meinVZ, Facebook, Lokalisten oder wer-kennt-wen – Online-Communitys wie diese scheinen insbesondere auf unter 30-Jährige großen Reiz auszuüben. Sie haben sich zu sozialen virtuellen Räumen entwickelt, denen sich insbesondere Heranwachsende immer schwerer entziehen können. Vielfach gilt: Wer hier nicht drin ist, ist „draußen", ausgeschlossen von einem wichtigen Teil des Gemeinschaftslebens. Aber nicht nur die jüngere Generation nutzt Online-Communitys. Im Business-Netzwerk XING etwa sind Millionen Berufstätige vernetzt – auch aus Nordrhein-Westfalen: Gruppen heißen „NRW regional: das Ruhrgebiet", „Kunststoffland NRW" oder „Medienschaffende NRW".

Online-Communitys stehen für ein neues Miteinander im Netz, ein Bewusstseinswandel im Umgang mit Medien, der gelegentlich auch Intimes oder Privates öffentlich werden lässt. Das Agieren im Web 2.0 ist für einen Großteil der Onliner das Kommunizieren in und über Online-Communitys, die sich mehr und mehr auch im Bereich der Computer- und Onlinespiele ergeben. Längst ist hier von „Social Gaming Networks" die Rede.

Neben der bemerkenswerten Popularität sind es jedoch gerade die Risiken von Online-Communitys, die öffentlich diskutiert werden: Der Umgang mit Datenschutz- und Persönlichkeits-, aber auch mit Urheberrechten bestimmt zunehmend den Diskurs im Medienkompetenzbereich, verknüpft mit den Fragen: Wie sieht kompetente Mediennutzung heute aus? Wo muss sie ansetzen, um erfolgreich(er) zu sein?

Traditionell ist die Förderung von Medienkompetenz für die Landesregierung nicht nur Bildungsauftrag, sondern eine gesellschaftliche Querschnittsaufgabe: mekonet, das Medienkompetenz-Netzwerk NRW, eine Initiative des Landes Nordrhein-Westfalen und der Landesanstalt für Medien Nordrhein-Westfalen, ist ein Beispiel für die Förderung von Medienkompetenz für Multiplikatoren in der Medienbildung. Zahlreiche Institutionen und Organisationen bieten den Bürgerinnen und Bürgern im Land Anlaufpunkte, an denen Medienkompetenz auf unterschiedlichstem Niveau und in verschiedensten Bereichen anschaulich vermittelt wird.

Diese Anlaufpunkte bildet eine Medienkompetenzkarte auf media.nrw ab, dem Medienportal für die Medienwirtschaft des Landes. Abseits dessen finden sich auf media.nrw nicht nur Nachrichten und Interviews rund um das Thema Medienkompetenzförderung, sondern auch die Broschürenreihe IM BLICKPUNKT. Neue Medien und die Chancen und Herausforderungen, die sie für Unternehmen, Institutionen, Bürgerinnen und Bürger mit sich bringen, werden hier kompakt thematisiert und dargestellt wie im Juni 2009 bspw. soziale Online-Communitys. Dass die Erstauflage dieser IM BLICKPUNKT-Broschüre binnen kürzester Zeit vergriffen war und nachgedruckt werden musste, unterstreicht noch einmal die Aktualität des Themas.

Seit 2009 öffnet in Köln die „gamescom" ihre Tore, Europas Leitmesse für interaktive Unterhaltungssoftware, die sich im Konferenzprogramm und im Ausstellungsbereich mit Medienkompetenz-Themen auseinandersetzt, genauso wie das alljährlich stattfindende medienforum.nrw eine einzigartige Plattform für Information und Austausch für die Medienbranche bietet.

Nicht zuletzt unterstützt der Förderwettbewerb von Medien.NRW innovative Medienproduktionen, die Verbesserung der branchenübergreifenden Zusammenarbeit und Dimensionen der Medienkompetenz.

Der vorliegende Band 8 der „Schriftenreihe Medienkompetenz des Landes NRW" widmet sich in seinen unterschiedlichen Beiträgen den eingangs erwähnten aktuellen Fragestellungen der Medienkompetenzförderung im Hinblick auf Jugendliche in sozialen Online-Communitys. Dabei kommen Expertinnen und Experten aus Nordrhein-Westfalen (und darüber hinaus) zu Wort, die theoretische und praktische Zugänge vereinen. Ihnen möchte ich für ihre Mitwirkung an dieser Stelle danken!

Andreas Krautscheid

Minister für Bundesangelegenheiten, Europa und Medien des Landes Nordrhein-Westfalen

Harald Gapski und Lars Gräßer: Medienkompetent in Communitys – eine Einleitung

1 Dynamisches Wachstum und jugendliche Nutzung

Online-Communitys genießen eine weltweite Popularität. Mehr als 300 Millionen aktive Nutzer(innen) sind beispielsweise bei der Online-Community Facebook angemeldet, von denen sich etwa die Hälfte täglich einloggt.[1] In Deutschland verzeichnete Facebook im Oktober 2008 1,2 Millionen angemeldete User[2], Ende Januar 2009 waren es bereits zwei Millionen, Mitte September sollen es 3,7 Millionen gewesen sein.[3] Im gleichen Monat rief das Magazin STERN bereits die „Generation Facebook"[4] aus. In Deutschland verfügen auch andere Online-Communitys über vergleichbare Nutzer(innen)zahlen: Der Verbraucherzentrale Bundesverband (vzbv) berichtete, dass Mitte Juni 2009 bei wer-kennt-wen laut Betreiber 6,5 Millionen Nutzer(innen), bei Lokalisten laut Betreiber mehr als 3 Millionen Nutzer(innen) und beim Business-Netzwerk Xing über 2,7 Millionen Mitglieder angemeldet gewesen sind.[5]

Der IVW-Index zur Feststellung der Verbreitung von Werbeträgern[6] sieht im September 2009 unter den 20 populärsten Adressen sechs von sozialen Netzwerken: studiVZ (Platz 4) liegt bei den Seitenbesuchen vor schülerVZ (Platz 5), wer-kennt-wen.de (Platz 6), meinVZ (Platz 10), MySpace (Platz 13) und Lokalisten (Platz 17).

Die Bedeutung der Online-Communitys insbesondere für junge Menschen ist offensichtlich: Die JIM-Studie (Jugend, Information, (Multi-)Media) 2008 kommt zu dem Ergebnis, dass fast drei Viertel der deutschen Internet-Nutzer(innen) im Alter von 12 bis 19 Jahren bereits Erfahrungen mit Online-Communitys haben. 41 Prozent besuchen diese täglich, weitere 16 Prozent mehrmals pro Woche (JIM 2008, S. 54). Die Hälfte der täglichen Nutzer(innen) schaut sich sogar mehrmals am Tag in der Community um. 45 Prozent der Jugendlichen waren schon einmal bei „schülerVZ", mit Abstand folgen Angebote wie „studiVZ" (12 Prozent) oder „MySpace" (10 Prozent) (ebd.).

Laut ARD-ZDF-Onlinestudie 2009 sind knapp drei Viertel (74 Prozent) der deutschen Onliner im Teenageralter und 61 Prozent aller Twens im Netz

Mitglieder mindestens eines Netzwerkes (Busemann; Gscheidle 2009, S. 359). 81 Prozent der Onlinenutzer(innen) zwischen 14 und 19 Jahren nutzen soziale Online-Netzwerke zumindest gelegentlich, 69 Prozent zumindest wöchentlich (a. a. O., S. 361).

Die große Bedeutung der Online-Communitys für Jugendliche korrespondiert mit einer selbstverständlichen, teils habitualisierten Nutzung (Busemann; Gscheidle 2009, S. 361). Realität und Virtualität durchdringen einander und bilden einen sozialen Raum (Ertelt 2008, S. 55f), in dem für Jugendliche das „Beziehungsmanagement" stattfindet (Schmidt u. a. 2009, S. 210 ff.). Damit sind Online-Communitys eine jugendkulturell geprägte Sphäre der Identitätsbildung oder -arbeit (vgl. etwa Röll 2008), die möglicherweise auch als sozialer und virtueller Lernort genutzt werden kann (Bayer und Heimann 2009).

2 Risiken, Chancen und Kompetenzen

Anlässlich des Starts der Kampagne „Watch Your Web" erklärte die Bundesverbraucherschutzministerin Ilse Aigner: „Der Schulhof des 21. Jahrhunderts ist im Internet zu finden".[7] Auf diesem virtuellen Schulhof faszinieren die neuen Möglichkeiten des Austauschs, der Selbstinszenierung und der Beziehungspflege. Es geraten aber auch Risiken der Nutzung in den Blick: Probleme des sorglosen Umgangs mit persönlichen Daten, der Belästigung (Cyberbullying) oder des hohen Zeitaufwands, der für die digitale Beziehungspflege in einem wachsenden Kontaktnetzwerk aufgewendet werden muss. Darüber hinaus können Kinder und Jugendliche mit problematischen oder schädlichen Inhalten, etwa Pornografie oder extremistischen, gewaltverherrlichenden Inhalten, konfrontiert werden – dies sowohl als ungewollte Empfänger(innen) als auch als Autor(inn)en und Sender.

Eine Kategorisierung der Chancen und Risiken für Kinder in Online-Umgebungen hat das europäische Forschungsprojekt EU Kids online[8] in Form einer Matrix vorgestellt.

Diese Risiken lassen sich nicht nur der technischen Anbieterseite zuordnen, sondern sie sind Emergenzeffekte des soziotechnischen Systems Online-Community: Die technisch vorgezeichneten Interaktionsmöglichkeiten in der Community *und* die medialen sowie sozialen Kompetenzen ihrer Nutzer(innen)

		"Content" Kind als Rezipient	"Contact" Kind als Teilnehmer	"Conduct" Kind als Akteur
CHANCEN	**Bildung, Lernen und digitale Kompetenz**	Bildungsressourcen	Kontakt mit Gleichgesinnten	Eigeninitiative oder gemeinsames Lernen
	Teilnahme und soziales Engagement	Allgemeine Informationen	Austausch in Interessensgruppen	Konkrete Formen sozialen Engagements
	Kreativität und Selbstdarstellung	Ressourcenvielfalt	Eingeladen/inspiriert werden kreativ zu sein oder mitzumachen	Erstellung von benutzergenerierten Inhalten
	Identität und soziale Beziehungen	Beratung (Persönliches/Gesund-heit/Sexualleben usw.)	Soziale Netzwerke, Erfahrungen mit anderen teilen	Ausdruck eigener Identität
RISIKEN	**Kommerziell**	Werbung, Spam, Sponsoring	Verfolgung/Sammlung von persönlichen Informationen	Glücksspiel, illegale Downloads, Hacken
	Aggressiv	Gewaltverherrlichende/ grausame/volksverhetz ende Inhalte	Mobbing, Belästigung oder Stalking	Andere mobben oder belästigen
	Sexuell	Pornographische/ schädliche Inhalte	Treffen mit Fremden, missbräuchliche Annäherungsversuche	Erstellen/Hochladen von pornographischem Material
	Werte	Rassistische/verzerrte Informationen/Rat-schläge (z.B. Drogen)	Selbstverletzung, ungewolltes Zureden/ Überredung	Ratschläge z.B. zu Selbstmord/Mager-sucht geben

Tabelle 1: Kategorisierung von Online-Risiken und -Chancen nach Livingstone/Haddon (2009, S. 3)

können zu riskanten Kommunikationsformen führen. Werden beispielsweise die Verbreitungswege und die Kombinatorik von Datenbeständen von einem Jugendlichen unterschätzt, können leichtfertig innerhalb der Community veröffentlichte Fotos Personen zugeordnet werden, an Dritte gelangen und weiterverbreitet werden. Die dezentrale Architektur des Internets verhindert ein einfaches Zurückholen oder Löschen bereits veröffentlichter Daten. Die Studie des Hans-Bredow-Instituts „Heranwachsen mit dem Social Web", die im Auftrag der Landesanstalt für Medien Nordrhein-Westfalen erstellt wurde, kommt im Hinblick auf die Kompetenz der jugendlichen Nutzer(innen) von Communitys zu dem Schluss: „Das Wissen um potenzielle Risiken kann sicherlich zu deren Minimierung beitragen, doch die Ergebnisse der Studie zeigen, dass viele Jugendliche entweder gar nicht risikobewusst handeln oder aber die Risiken zwar benennen, aber ihr eigenes Handeln nicht entsprechend ausrichten." (Schmidt u.a. 2009, S. 285) Wie könnten solche „kompetenzfördernden Ansätze" (ebd.) aussehen?

3 Computer-/Onlinespiele – und ihre Communitys

Computerspiele zählen zu den häufigsten Anwendungen, die Kinder am Computer ausüben. Insgesamt spielen 70 Prozent aller Kinder zumindest selten, 13 Prozent jeden oder fast jeden Tag, 43 Prozent ein- bis mehrmals pro Woche, 14 Prozent seltener und 30 Prozent nie (KIM 2008, S. 4). Auch unter Jugendlichen besitzen Computer- und Onlinespiele eine hohe Popularität und Nutzungsdauer, selbst wenn die Statistik nur bedingt Aufschluss über die Online- bzw. Offline-Nutzung eines Spiels gibt: Fast jeder dritte Jugendliche beschäftigt sich mit Computerspielen auf dem PC, die oftmals auch online gespielt werden können, 12 Prozent täglich und 18 Prozent mehrmals pro Woche (JIM 2008, S. 12). Rund ein Viertel der Jugendlichen spielt mit einer Spielkonsole, 10 Prozent täglich, 16 Prozent mehrmals pro Woche (ebd.). Auch diese sind immer häufiger internetfähig, weshalb das Spielen nicht zwangsläufig offline geschieht. Die durchschnittliche Nutzungsdauer für Konsolen- bzw. Computerspiele liegt nach Eigeneinschätzung der Jugendlichen an einem durchschnittlichen Wochentag bei 58 Minuten, am Wochenende wird etwas länger gespielt (74 Minuten) (JIM 2008, S. 39).

Die oben genannten populären Online-Communitys wie schülerVZ, studiVZ oder Facebook sind nur ein Ausschnitt jugendlicher Medienwelten. Aus dem Bereich der Computer- und Onlinespiele treten weitere Netzwerke hinzu, die zwar zunächst von einem eingeschränkten Themenfokus ausgehen, deren kommunikativer Austausch aber häufig den oben genannten Communitys immer ähnlicher wird und den Spielcharakter teilweise überlagert.[9] Nicht wenige halten sie für die Online-Communitys der Zukunft, handelt es sich hierbei doch um regelrechte „communities of practice",[10] die ein spielerisches Problemlösen[11] im Tun vereint: „Das Bild des einsamen Videospielers verschwindet. Spielen ist heute mehr denn je Kommunikation. Dies betrifft nicht nur Online-Rollenspiele wie „World of Warcraft" oder „Herr der Ringe Online". Auch die meisten sonstigen Spiele auf Konsolen, Handhelds und PCs ermöglichen inzwischen das Spielen über das Internet. Systeme wie Xbox Live oder Playstation Home unterstützen dieses mit weit reichenden Funktionen."[12] Abseits dessen verfügen viele Spielsysteme über eine Online-Verwaltung von Spielerfolgen, Mitspieler(innen)bewertungen und die Möglichkeit, individuelle Profile anzulegen.

In der öffentlichen Diskussion wird das Thema „Computerspiele" teils emotional, teils kontrovers geführt (JIM 2008, S. 39), angefangen von der Nutzungsdauer (Stichwort „Mediensucht") über die Inhalte (Forderung nach Verboten von „Gewalt induzierenden Killerspielen"[13] bzw. „Internetsperren für Online-Gewaltspiele"[14] oder auch die „Alters-Kennzeichnung auch für Onlinespiele"[15]) bis hin zu Rechtsfragen[16] und Datenschutzaspekten[17]. Spielende Jugendliche berichten dagegen eher seltener davon, dass Computerspiele Probleme bergen (JIM 2008, S. 44). Hauptthema familiärer Diskussionen und Streitigkeiten ist fast ausschließlich die Nutzungsdauer, Inhalte werden nur in den seltensten Fällen thematisiert (ebd.). Abseits der Risiken werden aber auch zunehmend die kompetenzförderlichen Potenziale in den Blick genommen, insbesondere im Bereich der Lernsoftware.

Wie wird mit dem Problem der hohen Nutzungsdauer umgegangen? Eltern wird z. B. empfohlen, die hohe Nutzungsdauer erzieherisch zu limitieren, dabei aber eine individuelle Anpassung gemäß dem Entwicklungsstand vorzunehmen und Schritt für Schritt ihren Kindern mehr Eigenständigkeit im Medienkonsum zuzutrauen. Bei Jugendlichen und jungen Erwachsenen dürfte diese Interventionsform allerdings meist ins Leere laufen. Im Extremfall der Computerspielsucht helfen dann nur noch therapeutische Angebote.

4 Medienkompetenzförderung: von außen und von innen?

Um für problematische Formen der jugendlichen Nutzung von Online-Communitys und Online-Computerspielen zu sensibilisieren und kompetenzfördernde Maßnahmen einzuleiten, starteten auf lokaler und regionaler Ebene sowie auf Landes-, Bundes- und Europaebene zahlreiche Initiativen. Die Ansprache der relevanten Zielgruppen – Jugendliche, Eltern, Pädagog(inn)en und Multiplikator(inn)en – geschieht dabei auf unterschiedlichen Wegen: Fast immer gehört eine ausführliche Onlinekommunikation mit eigener Website dazu; Faltblätter, Lernmaterialien und Schulungen vermitteln Hintergrundinformationen, jährlich stattfindende Aktionstage (z. B. der europaweite „Safer Internet Day") mobilisieren zahlreiche lokale Akteure und öffentliche Kampagnen, beispielsweise mit TV-Spots und Anzeigen in Zeitungen, versuchen, die relevanten Zielgruppen crossmedial zu erreichen.

Wenn die Online-Communitys und Spielnetzwerke bedeutsame Aufenthaltsräume, Treffpunkte und Lebenswelten insbesondere junger Menschen sind, sollten dann nicht sensibilisierende, beratende und unterstützende Kommunikationsangebote gerade diese Orte aktiv (oder zumindest ergänzend) aufsuchen? Muss eine medienkompetente aufsuchende Jugendsozialarbeit heutzutage nicht auch innerhalb einer Community agieren anstatt nur „von außen"?

Es stellt sich die Frage, ob eine direkte Ansprache der jugendlichen Zielgruppe *innerhalb* des Nutzungskontexts Online-Community oder Online-Spiel sinnvoll die Medienkompetenzförderung bereichern kann. Wäre beispielsweise eine „Beratung" auch „in-game" beziehungsweise innerhalb der Online-Community der Spielenden wünschenswert? Würde ein Beratungsprofil in einer Online-Community von der jungendlichen Zielgruppe in Fällen des Cybermobbings angenommen und aufgesucht? Inwieweit sollte das Umfeld der jugendlicher Mediennutzer(innen) einbezogen werden? Welche Ansätze und Erfahrungen zur Akzeptanz und Wirksamkeit liegen vor?

Dieser Band der Schriftenreihe Medienkompetenz des Landes Nordrhein-Westfalen greift das Thema Sensibilisierungs-, Beratungs- und Lernangebote in Social Communitys und Online-Spielen auf und diskutiert Einsatzmöglichkeiten und Grenzen entsprechender Angebote. Antworten auf einige der oben genannten Fragen geben die Autorinnen und Autoren der Beiträge:

Dorothee M. Meister und Bianca Meise untersuchen in ihrem Beitrag die Funktionsweisen der Online-Netzwerke und Differenzerfahrungsprozesse zwischen Identitätsarbeit und Sozialität der jungen Nutzer(innen). Sie wollen den eher defizitorientierten Diskurs über das Medienhandeln Heranwachsender um (selbst-)sozialisationsrelevante Aspekte bereichern und mahnen den Respekt vor den selbstbestimmten Räumen Jugendlicher an. Nach ihrer Argumentation ist die bereits vorhandene Medienkompetenz junger, aktiver Community-Mitglieder anzuerkennen, wenngleich insbesondere ihr medienkundliches Wissen über die Besonderheiten von Communitys gefördert werden sollte.

Maren Gaidies beschreibt am Beispiel zweier Kampagnen im schülerVZ, wie Sensibilisierungsangebote in sozialen Online-Netzwerken funktionieren (können) und welche Wirkungen hier zu beobachten sind. Dabei greift sie auf Nutzer(innen)befragungen zurück, die zur Evaluation der Kampagnen erstellt wurden. Im Ergebnis zeigt sich, dass die exemplarisch herangezogenen Kampagnen vor allem Kinder zwischen zwölf und vierzehn Jahren und insgesamt eher Mädchen ansprechen bzw. angesprochen haben. Im Ausblick zieht sie schließlich die Konsequenzen für die Gestaltung neuerer Ansätze in der Medienkompetenzförderung, die für sie vor allem integrativ ansetzen müssen – in Zusammenarbeit mit dem sozialen Umfeld der Heranwachsenden und am besten in Zusammenarbeit mit ihnen selbst.

Daniel Poli verdeutlicht in seinem Beitrag den selbstverständlichen und alltäglichen Umgang von Heranwachsenden mit dem Web 2.0, in dem Online-Communitys als jugendkulturell geprägte Räume hervor stechen. Sie dienen als Informationsquelle und Erprobungsfeld zur Identitäts- und Gruppenbildung. Klassische, lineare Bildungskonzepte im Netz greifen nicht mehr, da sich Heranwachsende vor allem hier Wissen und Kompetenzen aneignen und Angebote abseits dessen kaum noch Beachtung finden. Um erfolgreich zu sein, muss die Medienkompetenzförderung als „digitale Jugendbildung“ daher auch in Online-Communitys mit einer Pädagogik ansetzen, so sein Plädoyer, die sich „irritierend“ in die Jugendkommunikation im Web 2.0 einbringt und gleichzeitig begleitende Angebote einer Jugendarbeit online bereitstellt. Nur so kann es seiner Meinung nach gelingen, eine große Zahl junger Menschen im Internet zu motivieren, selbst zu Multiplikator(innen)en der Medienbildung für Gleichaltrige zu werden: „Peer-to-Peer“. Dies belegt er am Erfolg der Kampagne „watch your web“.

Ibrahim Mazari und Mathias Flierl richten den Blick auf die Welt der Computer- und Onlinespiele und präsentieren die Communitys der (Online-) Spieler(innen) als „Social Gaming Networks“, die sowohl im Web 2.0 verankert sind, als auch starke reale Netzwerke ausbilden. Hier bieten sich neue Anknüpfungspunkte für die medienpädagogische Arbeit, insbesondere mit Blick auf die Gruppe der Spieladministrator(inn)en, die ohnedies eine wichtige Multiplikator(inn)enfunktion im Spielbereich bekleiden. Dabei ist auf die soziale Binnenstruktur der „Social Gaming Networks“ zu achten, die in Clans organisiert sind.

Tanja Adamus gibt einen Einblick, wie die Computer- und Onlinespieler(innen) in konvergierenden Medienwelten agieren. Für Adamus erwerben sie im so genannten E-Sport durch informelle Lernprozesse unterschiedliche Kompetenzen, welche die vielfach angemahnten negativen Auswirkungen der intensiven Beschäftigung mit Computerspielen übertreffen und ihrer Einschätzung nach zu den elementaren Kernkompetenzen für das Leben und Arbeiten im digitalen Zeitalter gehören (werden). Eher kritisch betrachtet Adamus die Möglichkeiten des gezielten Einflusses auf die Förderung von Medienkompetenz(en) in den „Social Gaming Networks". Wenn überhaupt, kann sie allenfalls von respektierten Computer- und Onlinespieler(inne)en aus der Szene selbst geleistet werden – auch sie plädiert für eine Peer-to-Peer-Strategie.

Michael Lange beschreibt, wie sich im Rahmen seiner medienpädagogischen Projektarbeit ein grafischer Textchat in eine dreidimensionale Onlinewelt verwandelt hat und welche Bildungschancen sich eröffnen, wenn jugendlichen Nutzer(inne)n diese Onlinewelten selbst überlassen und die darin gültigen Regeln einem fortlaufenden Diskussionsprozess unterworfen werden. In seinen Projekten konnten Jugendliche mit sehr unterschiedlichen Bildungshintergründen zur Teilnahme gewonnen werden, wobei die beobachteten sozialen Lernprozesse bei bildungsfernen Jugendlichen sehr viel intensiver ausfielen. Hier können Kinder und Jugendliche erreicht werden, die sich in der realen Lebenswelt eher nicht in sozialen oder politischen Gruppen engagieren. Sie erhalten die Möglichkeit, sich neue Netzwerke und mediale Handlungskompetenzen zu erschließen, wenn die informellen Lernsettings so gestaltet sind, dass die Reflexion der Lernerfahrung gelingt und ein Transfer zum Alltagshandeln möglich wird. Michael Lange plädiert für die medienpädagogische Durchdringung von Online-Communitys, aber auch für die Notwendigkeit öffentlich finanzierter Netzangebote mit medienpädagogischer Unterstützung abseits kommerzieller Community-Angebote.

In diesen sechs Beiträgen sind theoretische Konzepte mit praktischen Erfahrungen verknüpft. Diese Verknüpfungen können helfen, den gegenwärtigen Herausforderungen der Medienkompetenzförderung unter den sich stetig wandelnden medialen Bedingungen mit sinnvollen und innovativen Strategien zu begegnen, welche die Zielgruppe ansprechen und erreichen. Für die Beiträge und die von ihnen ausgehenden Impulse zur Gestaltung solch zukünftiger Strategien in oder im Kontext von Online-Communitys sei den beteiligten Autorinnen und Autoren herzlich gedankt.

Anmerkungen

1 facebook.com, online unter: http://www.facebook.com/press/info.php?statistics (Zugriff 05.10.2009).

2 Medienhandbuch.de (28.01.2009 00:52 Uhr): Zwei Millionen Facebook-Nutzer in Deutschland, online unter: http://www.medienhandbuch.de/news/zwei-millionen-facebook-nutzer-in-deutschland-20583.html (Zugriff 05.10.2009).

3 tagesschau.de (16.09.2009 14:56 Uhr), online unter: http://www.tagesschau.de/wirtschaft/facebook136.html (Zugriff 05.10.2009)

4 STERN (Nr. 37, 03.09.2009): „Generation Facebook – Wie sich Millionen Deutsche im Internet vernetzen", online unter: http://www.stern.de/magazin/heft/stern-nr-37–03092009-generation-facebook-1506715.html (Zugriff 05.10.2009).

5 Verbraucherzentrale Bundesverband (vom 14.07.2009): „Soziale Netzwerke mit mangelndem Fair-Play. Verbraucherzentrale Bundesverband geht gegen Geschäftsbedingungen von Sozialen Netzwerken vor", online unter: http://www.vzbv.de/go/presse/1180/index.html (Zugriff 05.10.2009).

6 IVW-Abfrage vom 18.09.2009 (ohne Facebook, Ausweismonat August 2009), online unter: http://www.ivwonline.de/ausweisung2/suchen2.php (Zugriff 18.09.2009).

7 heise.de (09.06.2009 13:08): „Watch Your Web" wirbt für mehr Datenbewusstsein bei Jugendlichen, online unter: http://www.heise.de/newsticker/Watch-Your-Web-wirbt-fuer-mehr-Datenbewusstsein-bei-Jugendlichen--/meldung/140126 (Zugriff 05.10.2009).

8 http://www.lse.ac.uk/collections/EUKidsOnline/Reports/de_summary.pdf (Zugriff 20.10.2009)

9 Teils ist daher die Rede von „virtuellen Welten" und nicht mehr von Spielen. Hier wird nicht mit Profilen, sondern oftmals mit Avataren agiert und vor allem kommuniziert. Mal sind diese rollenmäßig stärker eingeschränkt, mal sind sie freier. Vgl. heise.de (07.04.2008 19:27): „Virtuelle Welten für Kinder werfen zahlreiche Fragen auf", online unter: http://www.heise.de/newsticker/Virtuelle-Welten-fuer-Kinder-werfen-zahlreiche-Fragen-auf--/meldung/106154 (Zugriff 05.10.2009). Siehe hierzu auch den Beitrag von Michael Lange in diesem Band oder Petra Grell und Anke Grotlüschen (2009): Lernort Second Life. In: Bayer und Heimann 2009, S. 111–128.

10 Etienne Wenger (2006): „Communities of practice are groups of people who share a concern or a passion for something they do and learn how to do it better as they interact regularly", online unter: http://www.ewenger.com/theory/ (Zugriff 05.10.2009).

11 Nadia Kraam-Aulenbach (2005): Spielend schlauer. Computerspiele fordern und fördern die Fähigkeit Probleme zu lösen, online unter: http://www.bpb.de/themen/1N2SBJ,0,0,Spielend_schlauer.html (Zugriff 05.10.2009).

12 Unabhängiges Landeszentrum für Datenschutz Schleswig-Holstein: „DOS – Datenschutz in Online-Spielen", online unter https://www.datenschutzzentrum.de/dos/ (Zugriff 05.10.2009).

13 heise.de (05.06.2009 16:01): Innenminister fordern Verbot von „Killerspielen", online unter: http://www.heise.de/newsticker/Innenminister-fordern-Verbot-von-Killerspielen--/meldung/139973 (Zugriff 05.10.2009).

14 heise.de (11.06.2009 14:49): CDU-Bundestagsabgeordneter erwägt Internetsperren für Online-Gewaltspiele, online unter: http://www.heise.de/newsticker/CDU-Bundestagsabgeordneter-erwaegt-Internetsperren-fuer-Online-Gewaltspiele--/meldung/140273 (Zugriff 05.10.2009).

15 Minister Andreas Krautscheid: „Alterskennzeichnung muss auch bei Onlinespielen her", online unter: http://www.mbem.nrw.de/news-infoservice/pressemeldungen/pm_mbem_20082009-2037.html (Zugriff 05.10.2009).

16 Unabhängiges Landeszentrum für Datenschutz Schleswig-Holstein: „DOS – Datenschutz in Online-Spielen", online unter https://www.datenschutzzentrum.de/dos/ (Zugriff 05.10.2009).

17 heise.de (07.04.2008 19:27): „Virtuelle Welten für Kinder werfen zahlreiche Fragen auf", online unter: http://www.heise.de/newsticker/meldung/Virtuelle-Welten-fuer-Kinder-werfen-zahlreiche-Fragen-auf-197066.html (Zugriff 05.10.2009).

Literaturangaben

Bayer, Mechthild; Heimann, Klaus: Lernorte nutzen. In: Faulstich, Peter; Bayer, Mechthild (2009), S. 155–174.

Busemann, Katrin; Gscheidle, Christoph (2009): Web 2.0: Communitys bei jungen Nutzern beliebt. Ergebnisse der ARD/ZDF-Onlinestudie 2009, online unter: http://www.media-perspektiven.de/uploads/tx_mppublications/Busemann_7_09.pdf (Zugriff 05.10.2009).

Ertelt, Jürgen (2008): Netzkultur 2.0 – Jugendliche im globalen Dorf. In: Ertelt, Jürgen; Röll, Franz Josef (2008), S. 50–58.

Ertelt, Jürgen; Röll, Franz Josef (Hg.) (2008): Web 2.0: Jugend online als pädagogische Herausforderung. Navigation durch die digitale Jugendkultur. München: kopaed.

Faulstich, Peter und Bayer, Mechthild (Hg.) (2009): Lernorte – Vielfalt von Weiterbildungs- und Lernmöglichkeiten. Hamburg: VSA Verlag.

Geisler, Martin (2009): Clans, Gilden und Gamefamilies: Soziale Prozesse in Computerspielgemeinschaften. Weinheim: Juventa.

Grell, Petra; Grotlüschen, Anke (2009): Lernort Second Life. In: Faulstich, Peter; Bayer, Mechthild (2009), S. 111–128.

Livingstone, Sonja; Haddon; Leslie (2009): Kurzversion von EU Kids Online: Abschlussbericht. Juni 2009. Online unter: http://www.lse.ac.uk/collections/EUKidsOnline/Reports/de_summary.pdf (Zugriff 20.10.2009)

Medienpädagogischer Forschungsverbund Südwest (Hg.) (2008): Jugend, Information, (Multi-)Media (JIM) 2008. Basisstudie zum Medienumgang 12- bis 19-Jähriger in Deutschland. Online unter: http://www.mpfs.de/fileadmin/JIM-pdf08/JIM-Studie_2008.pdf (Zugriff 18.09.2009).

Medienpädagogischer Forschungsverbund Südwest (Hg.) (2008): Kinder und Medien, Computer und Internet (KIM) 2008. Basisuntersuchung zum Medienumgang 6- bis 13-Jähriger in Deutschland. Online unter: http://www.mpfs.de/fileadmin/KIM-pdf08/KIM2008.pdf (Zugriff 05.10.2009).

Röll, Franz Josef (2008): Von der Stärke schwacher Beziehungen – Kommunikationskultur und Gemeinschaftsbildung als Ausdruck von Identitätssuche. In: Ertelt, Jürgen; Röll, Franz Josef (2008), S. 119–140.

Schmidt, Jan; Hasebrink, Uwe; Paus-Hasebrink, Ingrid (Hg.) (2009): Heranwachsen mit dem Social Web: Zur Rolle von Web 2.0-Angeboten im Alltag von Jugendlichen und jungen Erwachsenen. Band 62. Schriftenreihe Medienforschung der LfM NRW. Berlin: Vistas.

Dorothee M. Meister, Bianca Meise:

Sozial und medienkompetent – Jugendliche in virtuellen sozialen Netzwerken

Virtuelle soziale Netzwerke wie studiVZ, schülerVZ oder Facebook finden derzeit große Beachtung innerhalb medienpädagogischer Diskussionen. Hauptziel dieser Debatte ist es, Kindern und Jugendlichen einen kritischen und reflexiven Umgang mit den Websites und den von ihnen eingestellten Daten zu vermitteln. Um diesen eher defizitorientierten Diskurs um (selbst-) sozialisationsrelevante Aspekte zu bereichern, werden wir in diesem Beitrag die Funktionsweisen der Netzwerke und Differenzerfahrungsprozesse zwischen Identitätsarbeit und Sozialität der Nutzer eingehender analysieren.

1 Soziale Netzwerke

Virtuelle soziale Netzwerke sind Internetplattformen, die es den Nutzern ermöglichen, persönliche Profile anzulegen, um dort in einem öffentlichen bis eingeschränkt öffentlichen Rahmen Kontakt zu Freunden aufzunehmen und zu pflegen sowie anderen Nutzern die eigenen sozialen Kontakte zu zeigen. Die Profilangaben, die individuelle Gestaltung und der Modus der Kontaktaufnahme variieren von Plattform zu Plattform erheblich (vgl. Boyd, Ellison 2007). Die Netzwerke lassen sich, je nach Ausrichtung, in interessenorientierte (Dogster, Care2 etc.), personenorientierte (Facebook, Lokalisten, studiVZ) und jenen Plattformen kategorisieren, bei denen der Austausch medialer Produkte im Vordergrund steht (YouTube, Lastfm etc.). Die Nutzung wird bereits durch diese Klassifikation vorstrukturiert. Je nach Ausrichtung des Netzwerks stellt sich das Mitglied dementsprechend entweder hauptsächlich über seine Interessen und Medien oder aber durch Selbstbeschreibung und Freundeslisten dar. Diese erste Differenzierung der Plattformen markiert also grundlegend andere Strategien der Repräsentation. Zu den zentralen Merkmalen dieser Websites im Unterschied zum Face-to-Face-Kontakt zählen die Dauerhaftigkeit durch die Fixierung im Internet, die Such- und Sichtbarkeit der Profile, die Kopierbarkeit (ohne Unterschied zwischen Original und Kopie) und das (un) sichtbare Publikum (vgl. ebd. 2007).

Für Jugendliche ist es mit dem Siegeszug des Web 2.0 selbstverständlich geworden, ein Profil in einem oder mehreren sozialen Netzwerken zu erstellen und zu pflegen (vgl. Prommer et al. 2009; Schmidt et al. 2009). So kann der VZ-Verbund mit studiVZ, schülerVZ und meinVZ auf stolze 15 Millionen Mitglieder und 760 Millionen hochgeladene Fotos verweisen (vgl. VZnet Netzwerke Ltd.). Insofern wundert es nicht, dass die Websites inzwischen einen bedeutenden Platz im Alltag der Jugendlichen und Erwachsenen einnehmen. Wie weitreichend diese Plattformen im Alltagsleben verwurzelt sind, zeigt das Zitat eines Teenagers aus einer amerikanischen Studie: „If you are not on MySpace, you don't exist" (Boyd, Ellison 2007). So eröffnet sich durch die Netzwerke für Jugendliche die Möglichkeit, sich schreibend zu einer Existenz zu verhelfen (vgl. Sundén 2003).

Durch die Geschichte ehemals populärer Plattformen erschließt sich die Notwendigkeit, diese als komplexe Phänomene zu betrachten, die sowohl kulturellen als auch nationalen sowie linguistischen Nutzungspräferenzen unterliegen. So führte das rasante Wachstum von Friendster dazu, dass sich plötzlich unterschiedliche Statusgruppen wie Untergebene und Vorgesetzte in diesem Netzwerk gegenüberstanden und daraus soziale Probleme resultierten. Zudem begannen die Betreiber, die Mitglieder aufgrund der gestiegenen Nutzung zu reglementieren, was deren Vertrauen weiterhin minderte und viele zu einem anderen Dienst abwandern ließ (vgl. Boyd 2007; Boyd & Ellison 2007).

Jedes Netzwerk ist anders gestaltet, verfügt über eine spezifische Oberfläche und Nutzungsmöglichkeiten, die in ihrer architektonischen Einheit auch auf das Verhalten der Nutzer zurückwirkt und somit eine interne Eigenlogik entwickelt. Innerhalb der beruflich orientierten Plattform Xing zum Beispiel werden die Besuche fremder Profile mit dem eigenen Profil transparent gehalten, während es bei studiVZ im Ermessen des Mitglieds liegt, ob es sich zu erkennen gibt oder sich lediglich über die Besucher(innen)zahl erfassen lässt. Dies mag als Kleinigkeit gewertet werden, stellt jedoch bei näherer Betrachtung eine wichtige Grundvoraussetzung des Netzwerkes dar, da es den Modus der Beobachtung und des Wissens festlegt. Jedes Netzwerk hat spezifische Feedbacksysteme: Bei studiVZ sieht der Nutzer bzw. die Nutzerin die Anzahl (quantitativ) der Personen, die sein bzw. ihr Profil aufgerufen haben. Dieses Tool kann zumindest potentiell dazu beitragen, mehr Informationen zu publizieren, um mehr Aufmerksamkeit zu erhalten. Ebenso funktionieren die Aktualisierungen des Profils: Die Nutzer(innen), die ihr Profil als Letzte aktualisiert haben, erscheinen in den Freundeslisten als erste. Dadurch erhalten sie eine exponierte Position in der Rangfolge der Freunde, woraus ein erhöhtes Interesse an diesem Profil resultieren kann. Dies kann somit als Generator von Aktualisierungen verstanden werden. Auch die Zuordnung zu Gruppen stellt einen Aufmerksamkeitsmultiplikator dar, weil durch jede Gruppe, in der der oder die Nutzer(in) mit seinem/ihrem Profil vertreten ist, wiederum andere Nutzer(innen) auf das Profil hingewiesen werden. Diese Steigerung von Aufmerksamkeit kann einerseits unter dem Aspekt ökonomischer Quantität verhandelt werden (vgl. Deleuze 1997), andererseits sollte hier auch nach der Beobachtung aller durch alle gefragt werden. Soziale Netzwerke wären somit moderne virtuelle Kristallpaläste, die sozial disziplinieren. Jenseits dieser Perspektiven liegt aber auch eine produktive Kraft der Netzwerke: Wenn die beschriebenen Mechanismen greifen, wird im Grunde ein Mehr an Sozialität produziert (vgl. Foucault 1976).

2 Differenzerfahrungen zwischen Individuum und Kollektiv

Die Bewertung von Medien im Hinblick auf ihre Bildungsrelevanz reduziert sich häufig auf die Betrachtung von Medien als Übermittlungskanal für Informationen. Eine differenziertere Perspektive ergibt sich jedoch, indem die technischen Möglichkeiten der Medien und deren spezifische Bildungsanknüpfungspunkte in Beziehung gesetzt werden (vgl. Keil – im Druck). Ein entscheidendes Merkmal von Medien bildet die Persistenz, da sie Differenzerfahrungen ermöglicht. Gedankengänge, Rechenschritte und Operationen werden so für den Einzelnen und Dritte nachvollziehbar, wiederholbar und überprüfbar. Übertragen auf virtuelle soziale Netzwerke ergeben sich auch hier Differenzerfahrungspotenziale, die Bildungsprozesse im Sinne von Identitätsarbeit und Sozialverhalten anregen können. Die Verbindung vieler Nutzer(innen) zu einer Gemeinschaft und die Persistenz der Profile sind die architektonische Substanz virtueller sozialer Netzwerke. So lassen sich Identitäts- und Beziehungsmanagement als Grundmotive der Nutzung, die in aktuellen empirischen Studien herausgearbeitet wurden (vgl. Prommer 2009 et al.; Schmidt et al. 2009), bereits aus der technischen

Architektur ableiten. Dieser Argumentation weitergehend folgend, stellt die Speicherung der Profile im Internet eine Art der Identitätsarbeit dar, die ohne diese Plattformen nicht möglich wäre. Offline-Identitätsarbeit ist sehr viel flüchtiger als diese Art der Identitätsbeschreibung. Gesprächsaussagen, Kleidung, Gestik, Mimik und Haltung sind Teil der Interaktion und Kommunikation mit anderen Personen und variieren nicht selten von Situation zu Situation, auch in Abhängigkeit mit der sozialen Rolle, die das Individuum konkret einnimmt. Dementsprechend müssen in konkreten Handlungssituationen die entsprechenden Ausdrucksmittel sekundenschnell ausgewählt, abgestimmt, pointiert und unmissverständlich sein, um keine Störungen zu riskieren (vgl. Goffman 1996). Die gezeigte „Präsenz" in Alltagssituationen ist, obwohl selbstverständlich, nicht immer unproblematisch.

Unter diesen Umständen ergeben sich aus den virtuellen Profilen ungeahnte Vorteile: Zunächst ist das Netzwerk-Mitglied nicht der Unmittelbarkeit der sozialen Kommunikation ausgesetzt und muss nicht ständig synchron Darsteller(in) und Publikum von Identität sein. Innerhalb der Plattformen sind diese beiden Modi zeitversetzt, was den Luxus von Reflexion ermöglicht, so dass Darstellungsintentionen konsequenter verfolgt werden können. So konstatiert eine Studie über die Identitätsarbeit innerhalb der Plattform YouTube, dass die Jugendlichen vor allem das hohe Maß an Kontrolle über die eigene Identitätsrepräsentation schätzen (vgl. Eisemann 2007). Neben der chronologischen Freiheit ergibt sich ebenso eine andere Dimension des sozialen Zusammenhangs: Jugendliche stellen sich hier nicht nur mit einer bestimmten, der sozialen Situation angemessenen Identitätsrolle dar, sondern können – in einem scheinbar geschützten Raum – viele verschiedene Identitätsfacetten thematisieren. Dies vermittelt ein umfassenderes Verständnis für die virtuelle Identitätsdarstellung, sowohl für andere als auch für jeden persönlich. So sind die Startseiten der VZ-Netzwerke mit dem Satz „Das bist Du" überschrieben. Die hohe Anzahl der Profilaktualisierungen lässt vermuten, dass Reflexionsprozesse angeregt werden und die eigene virtuelle Repräsentation hinterfragt und gegebenenfalls optimiert oder angepasst wird. Die Plattformen bieten insofern Anknüpfungspunkte, sich selbst und sein Verhältnis zu anderen zu reflektieren. Damit wird ermöglicht, dass durch die Kommunikation Austauschprozesse sowohl mit anderen als auch mit sich selbst stattfinden, die als Differenzerfahrung erst die Basis für eine individuelle Identität bilden (vgl. Mead 1968). Communitys bieten mit ihren Möglichkeiten zur Selbstdarstellung und zur Reflexion mit sich selbst und über die anderen Teilnehmer des Netzwerkes insbesondere Jugendlichen die Chance zu einem „self", also einer bewussten Identität, im Sinne einer Reflexion von Selbst- und Fremdeinschätzung zu gelangen.

2.1 On- und Offline-Identität

Im Kontext der Nutzung sozialer Netzwerke steht auch der Vorwurf im Raum, die Selbstrepräsentationen im Netz seien nicht „echt". So ist es durchaus denkbar, dass die Darstellung der Identität nur Schauspiel ist, das inszeniert wird. Aktuelle Forschungsergebnisse sprechen dafür, dass die Nutzer(innen) vor allem ein authentisches Profil anstreben, gleichzeitig aber sehr skeptisch gegenüber anderen Profilen sind und diese für unwahr einschätzen (vgl. Prommer et al. 2009). Ungeachtet der Tatsache, welche Strategie verfolgt wird, besteht dennoch die Möglichkeit, dass dieses Schauspiel Wahres über die tatsächliche Persönlichkeit der Individuen verrät. Denn der Eindruck, den ein Individuum mittels Fassaden vermitteln möchte, kann sehr viel über die wahren Wünsche und Werthaltungen der Person aussagen (vgl. Goffman 1996). Durch die Materialität der Communitys – also über das Fixieren der Identitäten mittels Gruppen, Einträgen, Fotos und sozialen Kontakten – sind Rückkopplungseffekte, die zur Reflexion der eigenen und inszenierten Identität dienen, möglich. Mit Goffman wäre aber auch eine weitere Identitätsstrategie in Netzwerken denkbar: Dadurch, dass sich das Individuum nur über soziale Rollen definiert und viele Facetten heterogener möglicher Identitäten andeutet, versucht es sich unter Umständen vor Zuschreibungen durch Dritte zu schützen bzw. die zu beschädigende Identität vor Risiken abzuschirmen. Bei aller Freiheit, die Identitätsfacetten zu wählen, werden diese jedoch auch festgeschrieben und können somit abgeglichen werden, was eventuell die Notwendigkeit einer möglichst diffusen Darstellung erhöht, um nicht angreifbar zu sein. Ein weiterer Grund für die Skepsis gegenüber anderen Profilen und mancher Unvereinbarkeiten zwischen On- und Offline-Identität ist die komplexere Online-Identität. Hier können, wie bereits erwähnt, extrem viele Facetten der Identität betont werden und diese sind nicht situationsgebunden. Im realen Alltag rahmen Situationen die Identitätsarbeit, die u. U. inkompatibel zu den virtuellen

Darstellungen sind. Vor allem der Facettenreichtum der Online-Identitäten legt die Vermutung nahe, dass hier eine neue, hochkomplexe soziale Rolle entsteht, die offline kaum eine Entsprechung findet und somit schwer zu lesen ist. Innerhalb dieser Argumentationslogik befinden wir uns derzeit in einer Konventionalisierungsphase dieser Art von Selbstbeschreibung, die auch als neue virtuelle soziale Rolle interpretiert werden kann.

2.2 Selbstthematisierung und Erinnerung

Profile in virtuellen sozialen Netzwerken dienen der Selbstbeschreibung sowie der Selbstthematisierung und können durch die schriftliche Auseinandersetzung Basis für Identitätserfahrungen darstellen. Das Individuum hat in der modernen, in Teilsystemen differenzierten Gesellschaft keine Möglichkeit mehr, sich als Ganzheit wahrzunehmen. Deshalb können schriftliche Thematisierungen biographischer Identität als Versuch interpretiert werden, diese Ganzheit zu erfahren (vgl. Bohn, Hahn 1999). Biographische Identität, die einen oder mehrere Adressat(inn)en erreicht, konnte aber bisher nur in bestimmten Zusammenhängen wie zum Beispiel der Autobiographie, Psychoanalyse oder Beichte ermöglicht werden. So war Selbstthematisierung jenseits von Sündenbekenntnissen einer biographieautorisierten Minderheit vorbehalten, die entweder einen besonderen Lebenslauf oder spezifische psychische Dispositionen vorzuweisen hatte (vgl. ebd.). Diese Einschränkungen verlieren mit dem Internet und mit der Evolution zum Web 2.0 ihre Legitimation. Spätestens mit den sozialen Netzwerken kann und soll sich jedes Individuum selbst thematisieren; biographische Identität in fixierter Schriftlichkeit wird zu einem gesamtgesellschaftlichen Phänomen. Biographieautorisation wird also vollständig demokratisiert und von konkreten Auslösern, wie der Abweichung bei Psychoanalyse, Beichte und Autobiographie, abgelöst. Dies kann Jugendliche ganz besonders ansprechen, da sie sich in diesen Netzwerken von Anfang an als kompetent, thematisierungsfähig und publikumswürdig erfahren.

Typische Selbstthematisierungsdiskurse bestimmter Epochen korrespondieren mit den vorherrschenden Lebensbedingungen der Individuen und wirken wie Symptome für gesamtgesellschaftliche Strömungen (vgl. ebd.). Gemessen an den hohen Mitgliederzahlen der Netzwerke stellen die

Profile innerhalb der Plattformen einen solchen typischen Selbstthematisierungsdiskurs dar. Folglich gilt es zu fragen, was diese Art und Weise der Selbstdarstellung über derzeitige gesellschaftliche Verhältnisse aussagt. Ohne entsprechende Forschung lässt sich zumindest sagen, dass die Profile überdauern, fixiert sind, immer verfügbar, aber auch nie abgeschlossen, immer manipulier- und korrigierbar. Diese neuen Selbstrepräsentationen sind möglicherweise Symptom der Risikogesellschaft (vgl. Beck 1986). Diese wird durch den Verlust traditioneller Normen und Werte charakterisiert: Das Individuum ist auf sich selbst gestellt, ohne ein verbindliches Regelsystem, und muss Entscheidungen treffen, ohne die Konsequenzen seines Handelns überblicken zu können (vgl. ebd.). Die Nutzung der Netzwerke kann somit als Wunsch interpretiert werden, in einer multioptionalen unsicheren Gegenwart eine vermeintliche Beständigkeit und Verfügbarkeit von Sozialität heraufzubeschwören. Anknüpfend ist es ebenso möglich, dass diese Plattformen als Erinnerungssysteme für biographische Identität und somit als Brückenfunktion zwischen früherer und aktueller, sozialer und individueller Identität fungieren.

2.3 Soziale Identität

Innerhalb der sozialen Netzwerke geht es nicht nur um Selbstdarstellung und Selbstthematisierung (individuelle Identität), sondern vor allem auch um Gruppenzugehörigkeit (soziale Identität). Soziale Identität bedeutet in diesem Kontext, dass Individuen gewisse Identitäten mit anderen Individuen teilen (z. B. Geschlechtszugehörigkeit, Präferenzen etc.) und sich dadurch gleichzeitig gegenüber entgegengesetzten Gruppenidentitäten abgrenzen. Obwohl hier Merkmale mit anderen Individuen geteilt werden, wird das Individuum dennoch eindeutiger durch Zuordnung und Abgrenzung beschrieben (vgl. Bohn, Hahn 1999). Die Person steht hier im Spannungsverhältnis zwischen Individualität und Kollektiv und unter den Einflüssen von Gemeinschaft und Gesellschaft. Einerseits gibt es gesellschaftliche Rahmenbedingungen, die im Sinne der Folgen einer „Risikogesellschaft" (Beck 1986) Antworten auf den Beteiligungsanreiz bieten und Kompensationsmöglichkeiten der Plattformen offenbaren. Aber auch die Ausrichtung des gesamten Alltagslebens des Individuums an ökonomischen Zwängen, ersichtlich durch die Kodifizierung und Flüchtigkeit sozialer Beziehungen, führt direkt zum Thema Gemeinschaft (vgl. Sennett 1998). Da die Betreiber nur die Plattform bereitstellen – und Inhalte nur von den Nutzer(inne)n produziert und zur Verfügung gestellt werden –, bedenken viele Beteiligte den öffentlichen Rahmen dieser Seiten nicht. Da sie sich durch die Markierung ihres Freundeskreises und dem vermeintlich abgeschlossenen Bereich des eigenen Freundesnetzwerkes in einem privaten Schutzraum wähnen, sind manche Nutzer(innen) überrascht, wenn ihnen bewusst wird, dass diese Informationen einer breiteren Öffentlichkeit zugänglich sind (vgl. Boyd & Ellison 2007). Dies verdeutlicht die Relevanz der Imagination eines Schutzraumes, der mit diesen Gemeinschaften augenscheinlich assoziativ und automatisch verknüpft wird.

Indem sich Nutzer(innen) bestimmten Gruppen zuordnen, versuchen sie sich selbst zu beschreiben und ihre partizipative Identität zu thematisieren (vgl. Bohn, Hahn 1999). Auch das Anlegen eines Profils auf studiVZ oder schülerVZ funktioniert über die Zuordnung zu einer Auswahl von Antwortkategorien. Selbstverständlich gibt es auch individuell zu gestaltende Felder (Persönliches, Fotoalben, Pinnwand etc.), innerhalb derer die Nutzer(innen) frei über die eigene Person schreiben können. Doch der hohe Vergesellschaftungsgrad dieser Plattform ist den Auswahlkategorien zuzurechnen, da sie eine Verbindungsoption zu den anderen Mitgliedern darstellen: Mit einem Klick auf die Einträge wird z. B. in Erfahrung gebracht, wer am gleichen Tag Geburtstag hat, wer in dieselben Vorlesungen geht und in derselben Stadt geboren ist. Je mehr „sozialen Kreisen“ (Simmel 1908) sich das Individuum anschließt, innerhalb derer es sich bewegt, umso konturierter erscheint dessen Persönlichkeit. Indem sich eine Person sowohl kleinen als auch großen Kreisen oder Gruppen anschließt, beschreibt es die eigene Person und stellt Sozialität her. Durch die Gruppen und Vereinigungen wird das Individuum im unverwechselbaren Koordinatensystem seiner sozialen Zugehörigkeiten positioniert (vgl. ebd.). Die Aussage der studiVZ-Nutzer(innen), dass sie sich über die Gruppenzugehörigkeiten besser beschreiben können als durch individuelle Beiträge, verdeutlicht die hochaktuelle Relevanz dieser Vergesellschaftungsform (vgl. Prommer 2009 et al.). Über die Feedbacksysteme wie Gruppenzugehörigkeiten, Kommentare, Nachrichten etc. werden zudem auch die Werte der Peergroup ausgehandelt und kommuniziert und bieten somit soziale Absicherung und gemeinschaftliche Orientierung (vgl. Paus-Hasebrink et al. 2009). Jugendliche können beispielsweise die Vertrauenswürdigkeit einer neuen Bekanntschaft über die gemeinsamen Freunde erschließen. Durch das persönliche, öffentliche soziale Netzwerk der einzelnen Nutzer(innen) – oftmals vor allem mittels Freundeslisten, Pinnwandeinträgen und Fotos reflektiert, bekräftigt und legitimiert – wird ebenso soziales Kapital demonstriert (vgl. Bourdieu 1983). Ein Hinweis darauf resultiert aus der Tatsache, dass sehr viele Jugendliche Fotos hochladen, die sie mit Freunden zeigen (vgl. Prommer et al. 2009). Die sozialen Kontakte und der sichtbare Verbindungsaustausch symbolisieren in diesem Zusammenhang Anerkennung und soziale Eingebundenheit.

3 Medienkompetenz und Medienpädagogik

Unter der dargelegten Perspektive stellen virtuelle soziale Netzwerke einen Schutz- und Rückzugsraum für Jugendliche dar, was auch als peerspezifische Selbstsozialisation bezeichnet werden kann. So heben die Nutzer(innen) des SchülerVZ hervor, dass die Plattform für sie ein Ort der Selbstbestimmung ist (vgl. Paus-Hasebrink 2009). Es gilt also anzuerkennen, dass die „Digital Natives" (Prensky 2001) sich individueller Strategien und sozialer Konventionen bedienen (werden), die ihnen die Navigation durch das virtuelle Gelände erleichtern. Durch die zahlreichen sozialen Rückkopplungskanäle und Auseinandersetzungsprozesse mit der Peergroup lernen Jugendliche sehr schnell, was innerhalb der Eigendynamik des Netzwerkes funktioniert und was sozial legitimiert ist. Mit Rekurs auf Dieter Baackes Verständnis von Medienkompetenz als „die Fähigkeit, in die Welt aktiv aneignender Weise auch alle Arten von Medien für das Kommunikations- und Handlungsrepertoire von Menschen einzusetzen" (Baacke 1996: 119, Hervorhebung im Original), sind Jugendliche hier als durchaus medienkompetent einzustufen. So nutzen die Jugendlichen diese Websites und eignen sich über die vollzogenen Handlungen Kompetenzen auf ganz unterschiedlichen Ebenen an. In Bezug auf die Mediengestaltung können die Nutzer(innen) ein zwar standardisiertes, aber ihren individuellen Bedürfnissen angepasstes Profil erstellen und weiterentwickeln, z. B. Gruppen erfinden und Fotos hochladen. Die Medienkritik findet ihren Ausdruck in den sozialen Aushandlungsprozessen und den damit einhergehenden Profilaktualisierungen. Einzig die

Medienkunde stellt jenseits der instrumentell-qualifikatorischen Ebene, welche über die Nutzung erschlossen wird, einen Bereich dar, der stärker durch informatives Wissen gefördert werden sollte. Aus dieser Perspektive resultieren also die teilweise berechtigten Zweifel der defizitorientierten Diskussion. Dennoch entsteht mit der instrumentell-qualifikatorischen Dimension eine interne und jugendkulturell intuitiv erschlossene Logik, die sich dem Standpunkt der Erwachsenen bzw. Nichtnutzer(innen)n entzieht und eine Beratungsfunktion erschwert. Sinnvoller erscheint es, Jugendlichen die Funktionsweisen der Netzwerke, die jenseits der intuitiven Nutzung und einem zu respektierenden privaten Raum liegen, vor Augen zu führen. Dazu zählen das Speichervermögen solcher Architekturen (kein Eintrag, kein Foto wird im Netz vergessen) und das umfassende Wissen der Netzwerkbetreiber, das aus Logins, Datenangaben und Klickverhalten resultiert. Zudem gilt es, das Bewusstsein für verschiedene Öffentlichkeiten bei den Jugendlichen zu schärfen.

4 Fazit

Soziale Netzwerke sind hochkomplexe Architekturen, die viele Nutzungsoptionen bereitstellen. Die Nutzer(innen) haben die Möglichkeit, ihre Identitäten (Plural) darzustellen, zu reflektieren und zu konstruieren. Dies alles findet in sozialen Aushandlungsprozessen statt, da diese Prozesse von Beginn an mit Blick auf das Publikum, also die virtuelle Gemeinschaft unternommen werden. Neben allen möglichen Problembereichen, die aus der Nutzung der Netzwerke entstehen und durchaus vorhanden sind, sollten jedoch ebenso wenig die Aspekte der Selbstsozialisation (vgl. Sutter im Druck) und damit der Respekt vor den selbstbestimmten Räumen Jugendlicher gering geschätzt werden. Wie unsere Argumentation verdeutlicht, sind Jugendliche und junge Erwachsene sehr wohl in der Lage, diese Websites ihren Bedürfnissen entsprechend sozial und medienkompetent zu nutzen.

Literaturangaben

Baacke, Dieter (1996): Medienkompetenz – Begrifflichkeit und sozialer Wandel. In: von Rhein, Antje: Medienkompetenz als Schlüsselbegriff. Bad Heilbrunn: Klinkhardt, S. 112–124.

Beck, Ulrich (1986): Risikogesellschaft. Auf dem Weg in eine andere Moderne. Frankfurt a. M.: Suhrkamp.

Bohn, Hahn (1999): Selbstbeschreibung und Selbstthematisierung. Facetten der Identität in der modernen Gesellschaft. In: Willems, Herbert; Hahn, Alois (Hrsg.). (1999). Identität und Moderne. Frankfurt a. M.: Suhrkamp, S. 33–61.

Boyd, Danah M.; Ellision, Nicole B. (2007): Social network sites: Definition, history, and scholarship. Journal of Computer-Mediated Communication, 13(1), article 11. Online verfügbar: http://jcmc.indiana.edu/vol13/issue1/boyd.ellison.html (Zugriff 30.09.2009).

Boyd, Danah (2007): Why Youth (Heart) Social Network Sites: The Role of Networked Publics in Teenage Social Life: Buckingham, David: MacArthur Foundation Series on Digital Learning – Youth, Identity, and Digital Media. Online verfügbar: http://www.danah.org/papers/WhyYouthHeart.pdf (Zugriff 15.09.2009).

Deleuze, Gilles (1993). Postskriptum über die Kontrollgesellschaften. In: Ders.: Unterhandlungen. 1972–1990. Frankfurt a. M.: Suhrkamp, S. 254–262.

Eisemann, Christoph (2008): Why do they tube? Aspekte zur Nutzung von Videoplattformen durch Jugendliche und junge Erwachsene. In: Ludwigsburger Beiträge zur Medienpädagogik, H. 11/2008. Online verfügbar: http://www.ph-ludwigsburg.de/fileadmin/subsites/1b-mpxx-t-01/user_files/Online-Magazin/Ausgabe 11/Forschung11.pdf (Zugriff 30.09.2009).

Foucault, Michel (1976). Auszug aus: Der Panoptismus. In: Ders.: Überwachen und Strafen. Die Geburt des Gefängnisses. Frankfurt a. M.: Suhrkamp, S. 251–292.

Goffman, Erving. (1969): Wir alle spielen Theater. München: Piper.

Keil, Reinhard (im Druck): E-Learning vom Kopf auf die Füße gestellt. In: Herzig, B.; Meister, D. M.; Moser, H.; Niesyto, H. (Hrsg.): Jahrbuch Medienpädagogik 8. Medienkompetenz im Zeitalter des Web 2.0. Wiesbaden: VS.

Mead, George Herbert (1968): Geist, Identität und Gesellschaft aus der Sicht des Sozialbehaviorismus. Frankfurt a. M.: Suhrkamp.

Prensky, Marc (2001): Digital Natives, Digital Immigrants. Online verfügbar: http://www.marcprensky.com/writing/Prensky%20-%20Digital%20Natives,%20 Digital%20Immigrants %20-%20Part1.pdf (Zugriff 15.09.2009).

Prommer, Elizabeth et al. (2009): „Real life extension" in Web-basierten sozialen Netzwerken. Studie zur Selbstrepräsentation von Studierenden in studiVZ. Online verfügbar: http://www.mediaculture-online.de/fileadmin/bibliothek/prommer _selbstpraesentation/Medienwiss_Forschungsbericht_studivz.pdf (Zugriff 15.09.2009).

Schmidt, Jan-Hindrik; Paus-Hasebrink, Ingrid; Hasebrink, Uwe; Lampert, Claudia (2009): Heranwachsen mit dem Social Web. Online Verfügbar: http://www.lfm-nrw.de/downloads/zusammenfassung_socialweb.pdf (Zugriff 30.09.2009).

Sennett, Richard (1998): Der flexible Mensch. Die Kultur des neuen Kapitalismus. Berlin: Berlin Verlag.

Simmel, Georg (1908): Soziologie. Untersuchungen über die Formen der Vergesellschaftung. Berlin: Duncker & Humblot.

Sundén, J. (2003): Material Virtualities. New York: Peter Lang.

Sutter, Tillmann (im Druck): Medienkompetenz und Selbstsozialisation im Kontext Web 2.0. In: Herzig, B.; Meister, D. M.; Moser, H.; Niesyto, H. (Hrsg.): Jahrbuch Medienpädagogik 8. Medienkompetenz im Zeitalter des Web 2.0. Wiesbaden: VS.li

VZnet Netzwerke Ltd. (2009): Über uns. Daten und Fakten. Online verfügbar: http://www.studivz.net/l/about_us/1/ (Zugriff 14.10.2009).

Maren Gaidies: Sensibilisierungsangebote in sozialen Online-Netzwerken

Möglichkeiten und Wirkungen am Beispiel zweier Kampagnen im schülerVZ

Der vorliegende Beitrag stellt – neben den allgemeinen Maßnahmen zur Medienkompetenzförderung im schülerVZ – zwei Sensibilisierungskampagnen vor, die vor allem in Deutschlands populärster Online-Community stattgefunden haben, sowie erste Erkenntnisse aus der Nutzerbefragung zu den Kampagnen. So wird deutlich, dass sie vor allem jüngere Kinder zwischen zwölf und vierzehn Jahren und insgesamt eher Mädchen ansprechen. Im Ausblick werden die Konsequenzen für die Gestaltung neuerer Ansätze in der Medienkompetenzförderung gezogen.

1 Medienkompetenzförderung im schülerVZ

In Deutschlands größtem Schülernetzwerk, schülerVZ, nutzen allein in Nordrhein-Westfalen ca. 1,6 Mio. Schüler(innen) die Möglichkeiten, sich online mit Freund(inn)en zu vernetzen, mit ihnen zu kommunizieren und sich ihnen zu präsentieren. Neben den Schüler(inne)n haben auch ca. 2 Mio. Erwachsene aus Nordrhein-Westfalen dieselben Möglichkeiten im studi- und meinVZ für sich entdeckt. Diese Netzwerke gehören wie das schülerVZ zu den VZ-Netzwerken[1].

Um von den sich bietenden Möglichkeiten in vollem Maße und ohne Beeinträchtigungen zu profitieren, bedarf es bei den Nutzer(inne)n – unabhängig vom Alter – an Medienkompetenz. Dazu gehört ein gewisses technisches Verständnis, das die grundlegende Bedienung und Nutzung eines Online-Netzwerks ermöglicht. So müssen die Nutzer(innen) in der Lage sein, sich einen Account zu erstellen, ihr persönliches Profil mit verschiedenen textlichen wie bildlichen Inhalten zu gestalten und die unterschiedlichen Funktionsangebote zu überblicken und zu nutzen. Neben dem technischen

Grundverständnis des Mediums gehört zu der notwendigen Medienkompetenz jedoch auch das Verständnis der Auswirkungen des Publizierens persönlicher Daten sowie jeglichen Handelns und Kommunizierens über die Plattform. Während einem Großteil der Nutzer(innen) das rein technische Verständnis durchaus zu bescheinigen ist, mit dem sie intuitiv die Plattform und die von ihr bereit gestellten Möglichkeiten erkunden und diese schnell, in weitem Umfang und mit großer Begeisterung nutzen, muss jedoch fest gestellt werden: Es mangelt leider bei vielen an reflektiertem Handeln hinsichtlich der Publikation von Daten und des Kommunikationsverhaltens. Da dieser Mangel nicht von der Nutzung des Angebots abhält, dafür aber unvorhergesehene Schwierigkeiten mit sich bringen kann, gehört es zu den Pflichten der Betreiber, seine Nutzer – und hier vor allem die Minderjährigen – im Rahmen ihrer Möglichkeiten, über die Auswirkungen ihres Handelns aufzuklären und sie für einen bedachten Umgang zu sensibilisieren.

schülerVZ versucht, diese Aufgabe über verschiedene Wege umzusetzen. Neben den Nutzern, dessen selbstgenerierte Inhalte auf der Plattform im Vordergrund stehen – Profilinhalte, Gruppen, Fotos usw. – haben auch die Betreiber Möglichkeiten, Inhalte zur Verfügung zu stellen, um die Nutzer(innen) über wichtige Themen zu informieren. Sie reichen im schülerVZ von einer umfangreichen „Hilfe", in der zu jeder bestehenden Funktion und zu weiteren, häufig aufkommenden Fragen kurze Antworten und Erklärungen zu finden sind, über den „Klartext", in dem die Nutzer(innen) über Neuigkeiten im schülerVZ und zu aktuellen Anlässen über verschiedene Themen informiert werden, bis hin zu Informationsseiten, auf denen sich die Nutzer(innen) über Kontaktmöglichkeiten informieren und einen Überblick über die wichtigsten Sicherheitsregeln in sozialen Online-Netzwerken verschaffen können.[2] Auf der Plattform wird an verschiedenen Stellen dauerhaft, etwa in den Privatsphäreeinstellungen, oder kurzfristig und anlassabhängig, z. B. von der Startseite aus, auf die verschiedenen Informationen hingewiesen. Neben diesen Informationen, die aktiv von den Nutzer(inne)n aufzusuchen und zu rezipieren sind, gibt es Bemühungen, die Nutzer(innen) direkt im Rahmen der Nutzung mit bestimmten Informationen zu versorgen, wodurch sie ohne eigenes Zutun und eher nebenbei für bestimmte Themen sensibilisiert werden. So erscheinen im Registrierungsprozess etwa Hinweise darauf, wie ein sicheres Passwort auszusehen hat. Und vor einem Fotoupload muss versichert werden, dass mit dem Hochladen eines Bildes nicht gegen Urheber- oder Persönlichkeitsrechte verstoßen wird.

Über diese Grundinformationen hinaus, besteht die Möglichkeit, die Nutzer(innen) über Aktionen oder Kampagnen zu erreichen. So wurde beispielsweise der schülerVZ-Verhaltenskodex im Rahmen eines Wettbewerbs mit kurzen Videos visualisiert. Bis zu 700.000 Aufrufe der einzelnen Videos belegen: Das Ziel der gesteigerten Wahrnehmung und vor allem auch ein erhöhtes Verständnis der Inhalte scheint erreicht worden zu sein. Auch haben sich ca. 1.000 Wettbewerbsteilnehmer(innen) im Rahmen der Videoproduktion nachhaltig mit den unterschiedlichen Themen auseinandergesetzt. Ebenso haben sich Kooperationen mit externen Aktionen, Kampagnen oder Initiativen bewährt, in deren Rahmen die Nutzer(innen) – meist über die Möglichkeit, sich selbst aktiv zu beteiligen – über verschiedene, sie betreffende Themen informiert und sensibilisiert werden. Dazu gehören unter anderem die Unterstützung der Initiative „Stay Gold", einer Initiative der Polizei gegen exzessiven Alkoholkonsum, der Aktion „Netz gegen Nazis", des „Deutschen Lehrerpreises" und des Wettbewerbs „MB21", dem Deutschen Multimediapreis für Kinder und Jugendliche bis 21 Jahre.

Neben diesen, sich direkt an die Nutzer(innen) wendenden Aufklärungs-, Informations- und Sensibilisierungsangeboten, ist es jedoch ebenso sinnvoll, Hinweise und Informationen für Eltern und Pädagog(inn)en bereitzustellen, die neben den Betreibern von sozialen Online-Netzwerken einen wesentlichen Teil zur Medienkompetenzvermittlung bei Jugendlichen beitragen (sollten). Damit diese Aufgabe in entsprechender Form wahrgenommen werden kann, bedarf es – über gewisse Grundinformationen zu den jeweiligen Angeboten hinaus – des Bewusstseins für die mit der Nutzung von Internetangeboten zusammenhängenden Chancen und Risiken für die jugendlichen Nutzer(innen). So finden sich im schülerVZ auf speziellen Informationsseiten für Eltern und Lehrer(innen)[3] Informationen, Lehrmaterialien und bestellbare Informationsbroschüren wie auch direkte Kontaktmöglichkeiten, über die per E-Mail oder Telefon pädagogische Beratung oder Hilfe in akuten Problemlagen rund um das Thema Jugendliche und Internet angeboten werden.

2 Beispiele zweier Sensibilisierungskampagnen im schülerVZ

Im Rahmen der beschriebenen Möglichkeiten zur Medienkompetenzvermittlung richten sich auch die von schülerVZ selbst initiierte Aktion „Respekt im Netz“ und die von der Fachstelle für Internationale Jugendarbeit der Bundesrepublik Deutschland e. V. (IJAB) mit Unterstützung des Bundesministeriums für Familie, Senioren, Frauen und Jugend und des Bundesministeriums für Ernährung, Landwirtschaft und Verbraucherschutz ins Leben gerufene Kampagne „watch your web“ an die Nutzer(innen) des schülerVZ[4]. Zwar handelt es sich bei „Respekt im Netz“ nicht um eine Kampagne im klassischen Sinne, zur besseren Lesbarkeit wird jedoch im Folgenden auch diese Aktion teilweise mit dem Begriff Kampagne umschrieben.

2.1 watch your web

Die Kampagne „watch your web“ klärt Jugendliche über Gefahren im Internet auf und sensibilisiert sie für einen vorsichtigen Umgang mit ihren persönlichen Daten. Die zentrale Kommunikationsplattform der Kampagne ist die Kampagnenhomepage,[5] auf der Besucher(innen) vier Filme und zahlreiche Informationen und Tipps zu diesem Thema finden. Eingebettet sind die Inhalte in den Kampf zwischen „Webman“ und „Data Devil“ – zwei fiktive Charaktere, die die Chancen und Risiken des Internets verkörpern.

schülerVZ ist ein offizieller Partner der Kampagne und stellt in diesem Rahmen ein Edelprofil[6] für den Charakter „Webman“[7] zur Verfügung. Dieses Profil, auf dem ein Großteil der Kampagneninhalte wieder zu finden ist, bietet schülerVZ-Nutzer(inne)n die Möglichkeit, sich aktiv an der Kampagne zu beteiligen und zu ihrer Verbreitung beizutragen. So können sie auf verschiedenen Wegen direkt mit „Webman“ kommunizieren (z. B. in Form von Pinnwandeinträgen, persönlichen Nachrichten, etc.), ihre Sympathie gegenüber der Profilseite bekunden[8] und auf ihren persönlichen Profilen den „watch-your-web“-Web-Test integrieren. Über diese viralen Komponenten hat Webman inzwischen fast 80.000 Sympathisant(inn)en[9] im schülerVZ gefunden und dürfte darüber hinaus weiteren Nutzer(inne)n aufgefallen sein.

2.2 Respekt im Netz

Anlässlich des „Safer Internet Day 2009“[10] initiierte das schülerVZ die Aktion „Respekt im Netz“. Neben dem Ziel, die schülerVZ-Nutzer(innen) auf den „Safer Internet Day“ aufmerksam zu machen, ging es hier auch um ein von Betreiberseite gesetztes Zeichen gegen Cybermobbing[11], mit der Möglichkeit für die Nutzer(innen), sich diesem Zeichen anzuschließen. Teil der Aktion war ein Forum, in dem sich die Nutzer(innen) über eigene Erfahrungen mit Cybermobbing und dessen Ursachen sowie über mögliche Lösungsansätze informieren und austauschen konnten. Mit diesen Bausteinen sollte die Auseinandersetzung mit dem Phänomen Cybermobbing angeregt, das Bewusstsein und die Aufmerksamkeit für seine Ausprägungen geschärft, ein respektvoller Umgang der Nutzer untereinander und ein positives Klima auf der Plattform gefördert werden.

Basis der Aktion war – und ist immer noch – die Gruppe „Respekt im Netz 09“. Jede(r) Nutzer(in), der dieser Gruppe beitritt, erhält einen „Respekt-im-Netz“-Stempel auf seinem Profil und die Möglichkeit, seine/ihre komplette Freundesliste auf einen Schlag in die Gruppe einzuladen (s. Abb. 1).

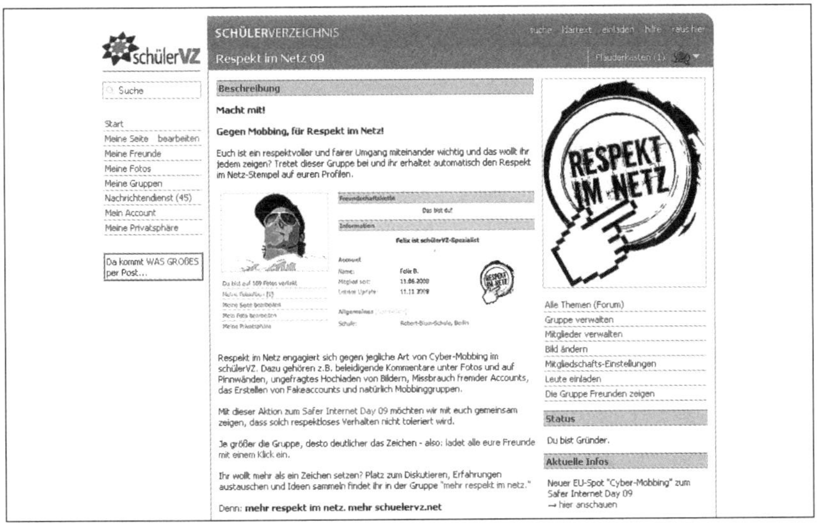

Abb. 1: schülerVZ-Gruppe „Respekt im Netz 09“

Dank dieser Strategie und der prominenten Bewerbung dieser Aktion auf der Startseite im schülerVZ, fand sich der „Respekt-im-Netz"-Stempel schon nach wenigen Tagen auf über 1,5 Mio. Profilen wieder und ein Großteil der Gruppenmitglieder tauschte sich konstruktiv zu verschiedenen Themen innerhalb der Gruppe aus. Der „Respekt-im-Netz"-Stempel ist inzwischen zu einer Art Markenzeichen geworden und die Gruppe „Respekt im Netz 09" mit über 1,6 Mio. Mitgliedern die größte Gruppe im schülerVZ.

3 Wahrnehmung, Beurteilung und Transferleistungen

Wie nehmen schülerVZ-Nutzer(innen) die Kampagnen selbst und deren Inhalte wahr? Wie werden diese von ihnen beurteilt? Welchen Einfluss haben sie auf ihr Verständnis der Themenkomplexe und ihr Mediennutzungsverhalten?

3.1 Die Kampagnen in Zahlen

3.1.1 watch your web

Zeitgleich mit der Pressekonferenz zum Kampagnenstart ging das Webman-Edelprofil am 09.06.2009 im schülerVZ online und wurde an diesem und dem darauf folgenden Tag jeweils mehrere Stunden auf der Startseite[12] des schülerVZ beworben. Bis Mitte September 2009 konnte das Profil über 1,2 Mio. Seitenabrufe verzeichnen und über 78.000 Nutzer(innen), die das Profil „gut finden", gewinnen. Mit rund 42.000 männlichen Anhängern gegenüber rund 35.000 weiblichen (Stand: Mitte September 2009), ist „Webman" bei den männlichen schülerVZ-Nutzern deutlich beliebter als bei den weiblichen.

Abgesehen davon haben sich über 16.000 schülerVZ-Nutzer(innen) auf Webmans Pinnwand „verewigt" und ihn mehr als doppelt so oft „gegruschelt"[13]. Der „watch-your-web"-Test wurde insgesamt auf über 50.500 persönlichen Profilen installiert und ist immer noch auf ca. 23.500 davon zu finden. Demzufolge wurde er allein im schülerVZ schätzungsweise mindestens genauso oft von den einzelnen Nutzer(inne)n durchgeführt.

3.1.2 Respekt im Netz

Vom 2. bis 11. Februar 2009 wurde die Aktionsgruppe „Respekt im Netz 09“ mehrmals mit dem Teaser „Setz ein Zeichen gegen Mobbing. Hol dir den Respekt-im-Netz-Stempel!“ beworben und wuchs in dieser Zeit auf 1.593.000 Mitglieder und 65.149 Diskussionsbeiträge. Die hohe Mitgliederzahl führte zu einer so schnellen Abfolge der Beiträge, dass gegen Ende dieses Zeitraums eine konstruktive Diskussion nahezu unmöglich war. Die Diskussion wurde daher an dieser Stelle geschlossen und in eine neue, eigens zu diesem Zweck gegründete Gruppe mit dem Namen „mehr respekt im netz.“ umgeleitet. Mit über 20.000 Beiträgen war das Thema „Was habt ihr für Erfahrungen gemacht?“ das beliebteste, worauf die Themen „Was kann man gegen Mobbing tun“ mit fast 14.000 Beiträgen und „Was muss man über Mobbing wissen?“ mit knapp 7.000 Beiträgen folgten.

Trotz geschlossener Diskussion treten auch weiterhin regelmäßig Nutzer(innen) der Gruppe bei. Inzwischen ist die Gruppengröße auf über 1,6 Mio. Mitglieder gestiegen.

3.2 Was sagen die Nutzer selbst?

Um zu Erkenntnissen über die Interpretationen von Seitenabrufen, Profilanhängern, Mitglieder- und Beitragszahlen hinaus zu gelangen, wurden die schülerVZ-Nutzer(innen) noch einmal in einer kurzen Umfrage zu beiden Kampagnen befragt. Das Erkenntnisinteresse der Befragung lag hier vor allem auf der Bekanntheit der Kampagnen unter den Nutzer(innen)n, deren Bewertung sowie die erreichte Vermittlung der Inhalte bzw. deren Einfluss auf das tatsächliche Nutzungsverhalten.

Die Befragung bestand insgesamt aus vier Teilen. Zunächst wurden nacheinander die beiden hier angeführten Kampagnen behandelt, gefolgt von einem allgemeinen Teil zur generellen Einschätzung und Akzeptanz von Kampagnen. Abschließend wurden einige demographische Daten und Nutzungszahlen erhoben. Nach einer eineinhalbstündigen Verlinkung des Fragebogens in der so genannten „Left Side Box“[14], wurde die Befragung mit knapp 20.000 ausgefüllten Fragebögen geschlossen. Folgende Ergebnisse sind hieraus festzuhalten.

3.2.1 watch your web

31,1 % der Befragten kennen die Figur „Webman“ und bewerten diese größtenteils positiv. 8,2 % der Teilnehmer(innen) gaben ihm die Schulnote eins, 29,2 % die Schulnote zwei und 39,9 % die Note drei (s. Abb. 2 und 3).

Zwischen Jungen und Mädchen ist bei diesen Werten kein signifikanter Unterschied festzustellen, dafür aber zwischen den unterschiedlichen Altersgruppen: Bei den 12- bis 14-jährigen Teilnehmer(innen)n ist „Webman“ mit 36,7 % wesentlich bekannter als bei den 15- bis 17-jährigen (26,8 %). Auch hinsichtlich der Bewertung schneidet „Webman“ bei den Jüngeren (bei 11,4 % mit Note eins, bei 34,9 % mit Note zwei und bei 29,3 % mit Note drei) besser ab als bei den Älteren (bei 5,2 % mit Note eins, bei 24,5 % mit Note zwei und bei 32,9 % mit Note drei).

Einem Großteil der Teilnehmer(innen) (82,3 %), denen „Webman“ als Figur ein Begriff ist, ist auch das Webman-Edelprofil im schülerVZ bekannt, welches von den Schüler(inne)n – ähnlich wie der Charakter „Webman“ zuvor – größtenteils mit den Noten zwei (29,1 %) und drei (30,0 %) bewertet wird. Die positivsten Bewertungen gab es auch hier bei den jüngeren Teilnehmer(inne)n (12–14 Jahre). Bei ihnen liegt die Profilbekanntheit bei 84,4 % und auch die Bewertung des Profils ist im Vergleich zum Gesamtdurchschnitt bei dieser Altersgruppe deutlich nach oben verschoben (Note eins: 18,2 %; Note zwei: 33,1 %; Note drei: 27,6 %). Bei den Mädchen schneidet das Webman-Profil insgesamt besser ab (Note eins: 12,3 %; Note zwei: 32,5 %; Note drei: 32,3 %) als bei den Jungen (Note eins: 12,5 %; Note zwei: 25,4 %; Note drei: 28,2 %), was im Hinblick auf die größere Zahl männlicher Anhänger des Webman-Profils nicht unbedingt zu erwarten war.

Neben der Bewertung und dem Verständnis der Inhalte der Kampagne wurde auch der Einfluss der Kampagne auf das tatsächliche Nutzungsverhalten der Teilnehmer(innen) abgefragt. 13,6 % der Teilnehmer(innen), denen „Webman“ ein Begriff ist, behaupten, ihr Mediennutzungsverhalten dank „Webman“ geändert zu haben. Dieser Wert liegt, wie vielleicht zu erwarten war, bei den Mädchen (15,7 %) und bei den 12- bis 14-jährigen Teilnehmer(innen)n (18,3 %) jeweils deutlich höher als die Durchschnittswerte bei den Jungen (10,9 %) und Älteren (9,0 %).

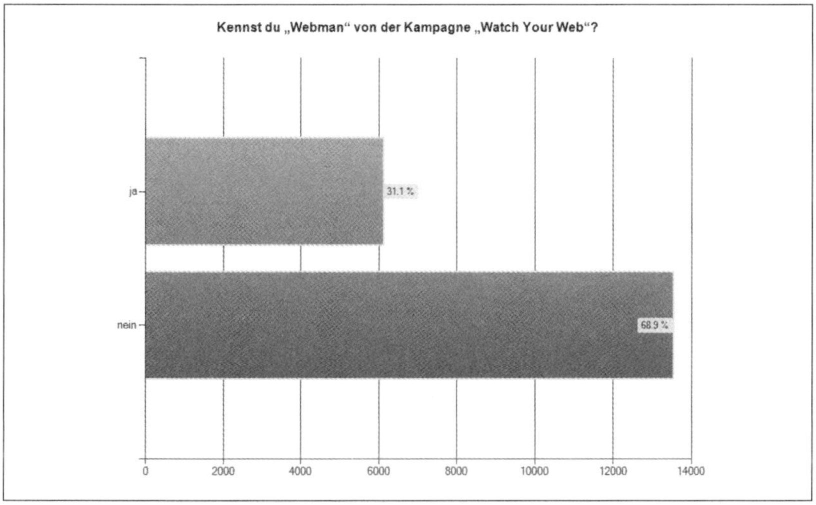

Abb. 2: Quelle: schülerVZ-Umfrage „Sensibilisierungsangebote im schülerVZ“; Basis: beantw. Fragen (n = 19.724).

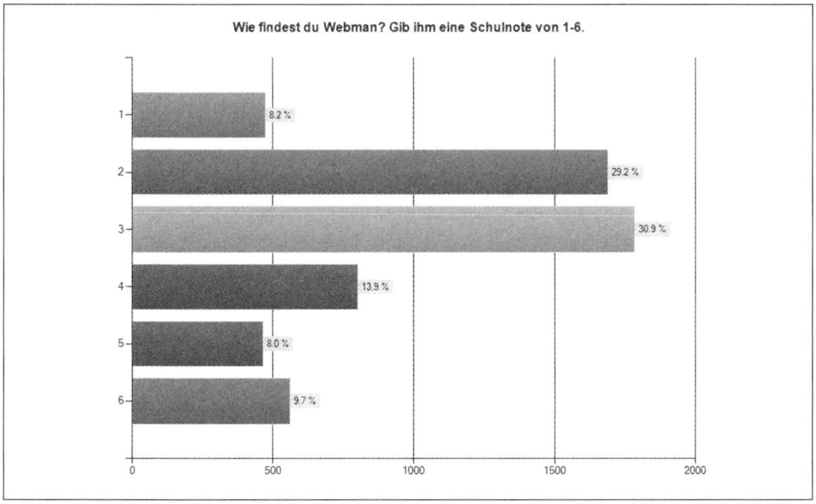

Abb. 3: Quelle: schülerVZ-Umfrage „Sensibilisierungsangebote im schülerVZ“; Basis: beantw. Fragen (n = 5.803).

Die Beschreibungen der mit „Webman“ einhergehenden Verhaltensänderungen konnten in folgende Kategorien zusammengefasst werden (s. Abb. 4).

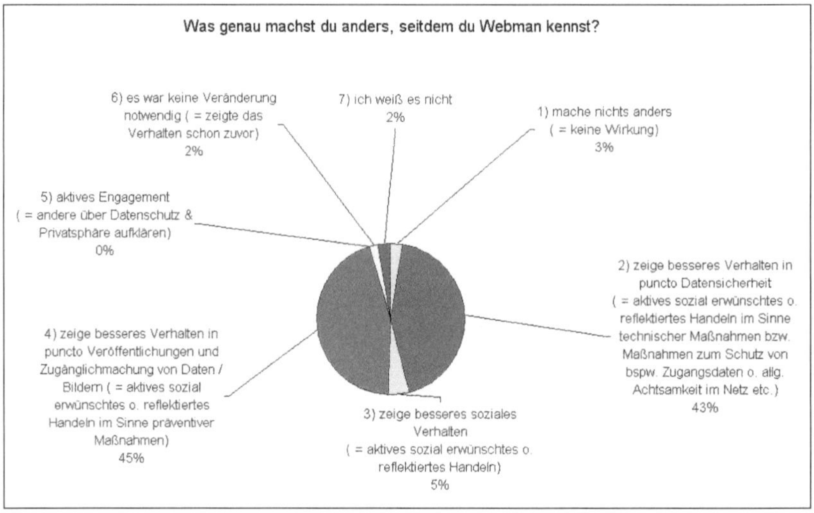

Abb. 4: Quelle: schülerVZ-Umfrage „Sensibilisierungsangebote im schülerVZ“; Basis: sinnvolle Antworten (n = 550).

Der Großteil der Antworten lässt sich in die Kategorien zwei und vier einordnen: 43 % der Teilnehmer(innen) gaben an, durch Kenntnis der Kampagne ein besseres Verhalten in puncto Datensicherheit zu zeigen, wobei sich dieses Verhalten auf rein technische Maßnahmen, wie den Schutz von Zugangsdaten und eine allgemeine Achtsamkeit im Netz, beschränkt. Dagegen gaben 45 % der Teilnehmer(innen) an, nun vorsichtiger beim Veröffentlichen von und dem Zugang zu Daten und Bildern im Netz vorzugehen. 5 % gaben sogar an, durch „Webman“ zu einem besseren Sozialverhalten gekommen zu sein. Inwieweit sozial erwünschtes Antwortverhalten – also der Konformitätsdruck – hier eine Rolle spielt, sei dahingestellt.

3.2.2 Respekt im Netz

93,6 % der Teilnehmer(innen) gaben an, die Aktion „Respekt im Netz“ zu kennen. Bezüglich der Bekanntheit der Aktion sind zwischen Jungen und

Mädchen wie auch zwischen den verschiedenen Altersgruppen keine signifikanten Unterschiede festzustellen (s. Abb. 5).

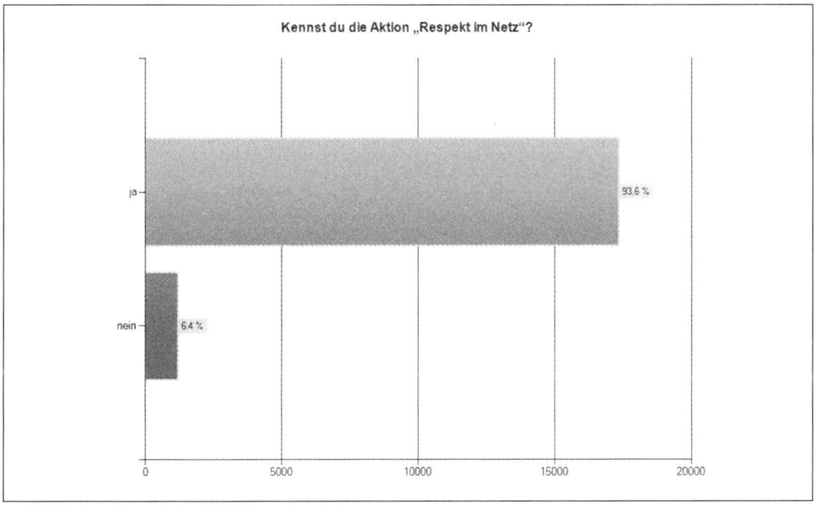

Abb. 5: Quelle: schülerVZ-Umfrage „Sensibilisierungsangebote im schülerVZ"; Basis: beantw. Fragen (n = 18.579).

Unterschiede gab es jedoch, wie auch schon bei den Antworten zu „Webman", in der Bewertung der Aktion. Durchschnittlich vergaben hier 25,1 % die Note eins, 31,2 % die Note zwei und 21,3 % die Note drei (s. S. 44 Abb. 6).

Mädchen sowie die 12- bis 14-Jährigen urteilten im Vergleich zu den Jungen und den 15- bis 17-Jährigen wieder deutlich positiver.

	Note 1	Note 2	Note 3
Mädchen	24,8 %	33,6 %	23,1 %
Jungen	25,2 %	28,5 %	19,5 %
12 bis 14 Jahre	31,2 %	32,3 %	18,8 %
15 bis 17 Jahre	21,4 %	30,4 %	23,0 %

Ähnliche Tendenzen ließen sich bei der Bekanntheit der Aktionsgruppe „Respekt im Netz 09" feststellen. Durchschnittlich ist sie 84,9 % der

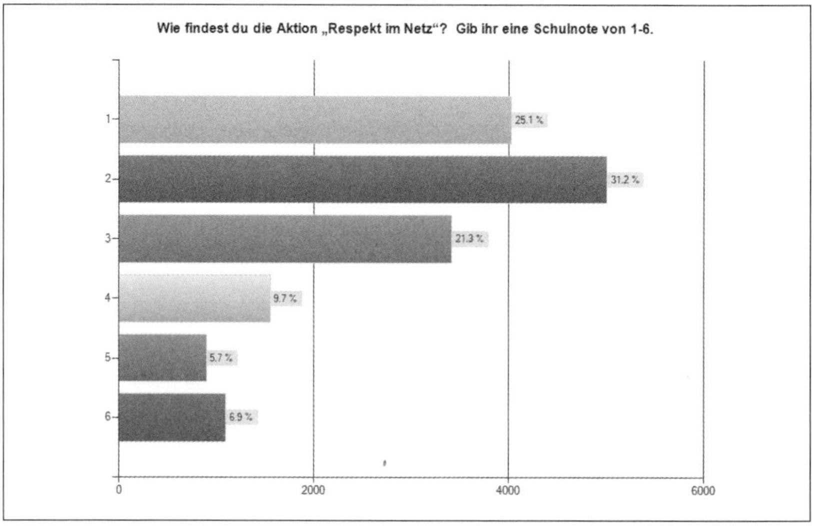

Abb. 6: Quelle: schülerVZ-Umfrage „Sensibilisierungsangebote im schülerVZ"; Basis: beantw. Fragen (n = 16.100).

Teilnehmer(innen) ein Begriff, davon 89,0 % der Mädchen, 81,8 % der Jungen. Bei der Altersverteilung ist sie 89,0 % der 12- bis 14-Jährigen und 84,8 % der 15- bis 17-Jährigen bekannt.

Im Vergleich zu der recht hohen Bekanntheit der Aktionsgruppe zeigt sich jedoch eine wesentlich geringere aktive Teilnahme der Nutzer(innen) an der Aktion: 93,6 % der Teilnehmer(innen) ist die Aktion zwar bekannt, aber nur 45,6 % davon sind Mitglieder der Aktionsgruppe und tragen den „Respekt-im-Netz"-Stempel auf ihren Profilen. Bei den 12- bis 14-Jährigen bestätigt sich das bisher zu erkennende Muster durch eine mit 55,2 % überdurchschnittlich hohe Teilnahme an der Aktion. Während die Gruppe der Mädchen mit einer Teilnahme von 43,7 % untypischerweise unter dem Durchschnitt liegt, rangiert die Teilnahme der Jungen mit 48,1 % darüber.

Auch die Aktion „Respekt im Netz" hat den eigenen Angaben der Teilnehmer(innen) zufolge zumindest bei einem Teil von ihnen (11,7 %) eine tatsächliche Verhaltensänderung bewirkt. Die einzige signifikante Abweichung von diesem Wert findet sich, wie vielleicht schon zu erwarten war, bei den jungen Teilnehmer(innen) von 12 bis 14 Jahren. In dieser Gruppe sind es 17,1 % (im Vergleich zu 8,5 % bei den 15- bis 17-Jährigen), die eine Verhaltensänderung angeben.

Die mit der Aktion „Respekt im Netz" einhergehenden Verhaltensänderungen konnten in folgende Kategorien zusammengefasst werden (s. Abb. 7).

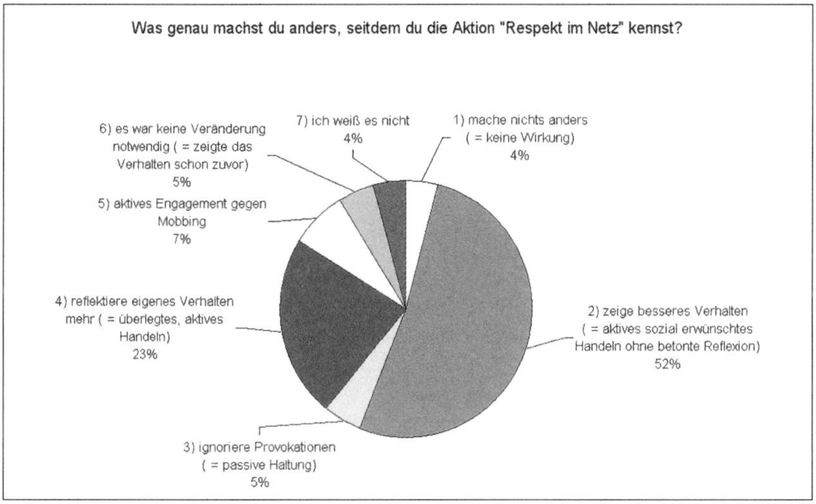

Abb. 7: Quelle: schülerVZ-Umfrage „Sensibilisierungsangebote im schülerVZ"; Basis: sinnvolle Antworten (n = 1231).

Der Großteil der Teilnehmer(innen), die angeben, ihr Verhalten nach Kenntnis der Aktion verändert zu haben, beschreibt ein allgemein besseres Verhalten, bei dem man von einem aktiven, jedoch sozial erwünschten und wenig reflektiertem Handeln ausgehen kann. Im Gegensatz dazu beschreiben 23 % ein reflektiertes aktives Handeln im Sinne von „Respekt im Netz" und 7,47 % sogar ein aktives Engagement gegen Mobbing. Immerhin 4,79 % ignorieren nun Provokationen, die ihnen entgegengebracht werden.

3.2.3 Allgemeine Beurteilungen und Statistik

Im Anschluss an die spezifischen Fragen zu den beiden Kampagnen wurden die Teilnehmer(innen) um eine allgemeine Beurteilung vergleichbarer Kampagnen und deren Möglichkeiten, ihr Verhalten im schülerVZ zu beeinflussen, gebeten. Die allgemeine Bewertung gleicht hier recht stark den zwei vorausgegangenen Beispielen: 15,6 % der Befragten vergeben die Note eins, 29,4 % die Note zwei und 28,5 % die Note drei. Einen möglichen Einfluss auf ihr Verhalten bescheinigen mit 24,9 % jedoch wesentlich mehr Teilnehmer(innen) als den beiden angeführten Kampagnen: Bei „Webman" waren es nur 13,1 % und bei „Respekt im Netz" nur 11,7 %. Auch bei dieser Frage bilden sich wieder relativ starke Unterschiede zwischen den Geschlechtern und Altersgruppen heraus: 37,0 % der 12- bis 14- Jährigen (im Vergleich zu 19,3 % bei den 15- bis 17-Jährigen) glauben, dass Aktionen und Kampagnen einen Einfluss auf ihr Verhalten im schülerVZ haben. Eine ähnliche Verteilung findet sich zwischen Jungen und Mädchen – mit 29,0 % bei den Mädchen und 20,9 % bei den Jungen.

Der Großteil der Befragungsteilnehmer (82,1 %) besucht täglich das schülerVZ. Ingesamt haben 51,1 % männliche und 48 % weibliche Nutzer(innen) im Alter von 12 bis 21 Jahren an der Befragung teilgenommen, wobei die 15- und 16-Jährigen mit 20,8 % und 18,5 % den größten und die 19- bis 21-Jährigen den kleinsten Teil der Befragten ausmachten. Mit 51,1 % stellten Gymnasiast(inn)en den Großteil der Teilnehmer(innen), gefolgt von 21,7 % Realschüler(inne)n, 4,4 % Hauptschüler(inne)n und 17,9 % Schüler(inne)n von Gesamt-, Berufs- und anderen Schulen.

4 Abschließende Beurteilung und Ausblick

Beide Kampagnen, „watch your web" wie „Respekt im Netz", können nach den beschriebenen Ergebnissen als erfolgreich beurteilt werden. Wenn man von einer Gesamtnutzerzahl von über 5,4 Millionen schülerVZ-Nutzer(innen) ausgeht, wurde mit Bekanntheitsgraden von rund 30 % (im Falle von „watch your web") und 90 % (im Falle von „Respekt im Netz") in kürzester Zeit eine enorme Zahl von Jugendlichen erreicht. Festzustellen ist hierbei, dass die Bekanntheitswerte recht stark voneinander abweichen. Aufgrund abweichender Inhalte, Zielgruppen, Laufzeiten und Verbreitungswege muss jedoch von einem direkten Vergleich abgesehen werden. Die mehrheitlich positive Bewertung der Kampagnen lässt auf eine recht hohe Akzeptanz für Sensibilisierungskampagnen generell schließen, was sich auch in den Antworten zur entsprechenden Frage im allgemeinen Teil der Umfrage widerspiegelt. Interessant ist hierbei, dass Sensibilisierungskampagnen im Allgemeinen von wesentlich mehr Nutzer(inne)n die Möglichkeit zugesprochen wird, direkten Einfluss auf das eigene Verhalten auszuüben, als es bei den hier angeführten Beispielen der Fall war. Für zukünftige Kampagnen besteht also die Chance, weit mehr Adressaten über eine oberflächliche Kenntnisnahme hinaus zu erreichen, als „watch your web" und „Respekt im Netz" es geschafft haben. Aber auch diese beiden Kampagnen haben „ihre" Inhalte vermitteln können und das Verhalten einer gewissen Zahl von Nutzer(inne)n beeinflusst. Zumindest ließen die Antworten der dazu Befragten Verhaltensänderungen in die von den Kampagnen intendierten Richtungen erkennen. Auffällig ist allerdings, dass „Webman" der Umfrage zufolge bei Mädchen beliebter ist als bei Jungen, jedoch tatsächlich mehr männliche als weibliche Anhänger im schülerVZ hat. Genauso beteiligen sich, trotz vergleichbarer Bewertungen, mehr Jungen als Mädchen an der Aktion „Respekt im Netz". Dies lässt auf sozial erwünschte Antworttendenzen der Mädchen schließen, die sich möglicherweise auch in anderen Antworten widerspiegeln und bei der Interpretation der gesamten Umfrageergebnisse bedacht werden sollten. Gleichwohl lässt sich für beide Kampagnen eine höhere Beliebtheit bei Mädchen und auch bei jüngeren Nutzern ausmachen. Alles in allem kann aus den gesammelten Ergebnissen geschlossen werden, dass Medienkompetenzvermittlung und Sensibilisierungsmaßnahmen in sozialen Online-Netzwerken mit Hilfe von Kampagnen funktionieren können, aber für Folgeprojekte noch Optimierungspotentiale vorhanden sind. So ist zu überlegen, ob eine zielgruppenspezifische Ausrichtung (z. B. geschlechter- oder altersspezifisch) die Attraktivität und Effizienz von Kampagnen fördert.

Wichtig erscheint, dass bei der Entwicklung zukünftiger Konzepte – unabhängig davon, ob auf eine bestimmte Zielgruppe gerichtet oder nicht – immer neue Wege zu suchen sind, die gleichzeitig die Adressaten überraschen und sie doch auf eine ihnen vertraute und entsprechende Weise ansprechen. Und um dies zu erreichen, empfiehlt es sich, Jugendliche selbst umfangreich in die Konzeptentwicklung einzubinden, oder sie sogar ihre Konzepte mit entsprechender Unterstützung – im Sinne des peer-to-peer – umsetzen zu lassen. Die sich beteiligenden Jugendlichen haben dabei die Chance, sich intensiv mit den entsprechenden Themen auseinanderzusetzen, und das Endprodukt könnte eine höhere Glaubwürdigkeit bei den jugendlichen

Adressaten erzielen. Kampagnen sollten als eine von mehreren Säulen der Medienkompetenzvermittlung an Jugendliche betrachtet werden, an die keine überhöhten Erwartungen geknüpft werden sollten. Sie können verschiedene Themen in das Blickfeld der Jugendlichen rücken und zum Nachdenken anregen. Ein Transfer der Inhalte in das persönliche Mediennutzungsverhalten der Rezipient(inn)en ist zwar möglich, ein Großteil der Nutzer(innen) wird dazu jedoch Unterstützung von weiteren Seiten benötigen. Wie auch schon bei der Kampagne „watch your web" umgesetzt, ist es dabei wünschenswert, dass Kampagneninhalte in Schulen und Jugendeinrichtungen aufgenommen und vertieft werden.

Eine andere wichtige Säule der Medienkompetenzvermittlung stellen die Benutzeroberflächen der Anbieter selbst dar. Idealerweise erschließen sich mit der Nutzung einzelner Bereiche die dabei zu beachtenden Themen direkt, wie beispielsweise ein sicherer Umgang mit persönlichen Daten und die Vermeidung von Kontaktrisiken. Gekoppelt mit einem offenen Dialog in Elternhäusern, Schule und Gesellschaft über die Nutzung sozialer Online-Netzwerke, können die beschriebenen Maßnahmen ihren Beitrag dazu leisten, dass Kinder zu medienkompetenten Jugendlichen heranwachsen. Diese sollten ein umfassendes Verständnis der Auswirkungen des Publizierens persönlicher Daten und jeglichen Handelns und Kommunizierens in sozialen Online-Netzwerken besitzen und kompetent mit auftretenden Problemen, die sicher nie komplett auszuschließen sind, umgehen können.

Anmerkungen

1 Nähere Informationen zu den VZ-Netzwerken finden sich unter http://www.meinvz.net/l/impressum (Zugriff 05.10.2009).

2 All diese Informationen können auch von nicht-registrierten Nutzer(inne)n in der Kopf- bzw. Fußzeile unter www.schuelervz.net abgerufen werden.

3 Die Informationsseiten für Eltern und Lehrer(innen) des schülerVZ finden sich unter http://www.schuelervz.net/l/parents (Zugriff 05.10.2009).

4 Siehe hierzu auch den Beitrag von Daniel Poli in diesem Band.

5 Siehe online unter www.watchyourweb.de (Zugriff 05.10.2009).

6 Die Edelprofile der VZ-Netzwerke bieten Werbe- und Kampagnenpartnern die Möglichkeit, individuelle Profile zu gestalten, mit denen sie sich den VZ-Nutzern präsentieren und mit ihnen in Kontakt treten können. Eine aktuelle Liste solcher Edelprofile findet sich im Edelkompass der drei zugehörigen Plattformen studiVZ, meinVZ und schülerVZ, z. B. unter http://www.schuelervz.net/Sitemap (Zugriff 04.10.2009).

7 Das Edelprofil „Webman" findet sich im schülerVZ unter http://www.schuelervz.net/webman (Zugriff 04.10.2009).

8 Bekunden Nutzer(innen) ihre Sympathie zu einem Edelprofil, findet es sich auf ihren persönlichen Nutzerprofilen unter der Kategorie „Finde ich gut" wieder.

9 Zahl der Nutzer, die das Webman-Edelprofil „gut finden".

10 Der „Safer Internet Day" findet jedes Jahr im Februar statt. Er ist eine Aktion im Rahmen des EU-weiten Safer-Internet-Action-Plan, um insbesondere Kinder und Jugendliche für eine sichere und verantwortungsbewusste Benutzung von Onlinetechnologien und Mobiltelefonen zu sensibilisieren.

11 Beim Cybermobbing wird das Opfer mit Hilfe moderner Kommunikationsmedien öffentlich bloßgestellt, beleidigt oder beschimpft – zum Beispiel per Handy, SMS, E-Mail, Instant Messenger, Einträgen auf Profilpinnwänden und/oder Hassgruppen in Online-Communitys.

12 Eine Demoseite der schülerVZ-Startseite findet sich unter http://www.firsturl.de/5g3V66M (Zugriff 04.10.2009).

13 „Gruscheln" ist ein kurzer Gruß im schülerVZ und besteht lediglich aus einem Hinweis auf der persönlichen Startseite. Welche Definition dem „Gruscheln" genau zugeschrieben wird, bleibt jedem Nutzer selbst überlassen.

14 Die „Left Side Box" ist ein kleiner Kasten, der unter der Hauptmenüleiste zu finden ist. Sie stellt das reichweitenstärkste Kommunikationsmittel innerhalb des schülerVZ dar, da sie aus jedem Bereich des schülerVZ sichtbar ist (siehe www.schuelervz.net).

Daniel Poli: Digitale Jugendbildung am Beispiel der Kampagne *watch your web*

Die Jugendkampagne „watch your web" erprobte erfolgreich das Konzept einer digitalen Jugendbildung und konnte modellhaft zeigen, dass mit neuen Strategien der Medienkompetenzbildung nachhaltige Lerneffekte bei der Zielgruppe der „digital natives" erzielt werden konnten. Neue Lernstrategien sind notwendig, weil wir derzeit einen Wandel im Medienhandeln junger Menschen erleben. Jugendliche verstehen die Angebote des Web 2.0 als integrativen Bestandteil ihres Alltags und messen vor allem der Peer-to-Peer-Kommunikation innerhalb von Online-Communitys eine immer größere Bedeutung zu. Sie dient ihnen als Informationsquelle und Erprobungsfeld zur Identitäts- und Gruppenbildung. Klassische, lineare Bildungskonzepte im Netz greifen hier nicht mehr, da Jugendliche sich Wissen und Kompetenzen mehr und mehr innerhalb ihrer eigenen jugendkulturellen Räume aneignen und außenstehende Angebote kaum Beachtung finden. Digitale Jugendbildung setzt dagegen in Räumen jugendkultureller Austauschprozesse an. Mit einer Pädagogik, die sich „irritierend" in die Jugendkommunikation im Web 2.0 einbringt und gleichzeitig begleitende Angebote einer Jugendarbeit online bereitstellt, kann es gelingen, eine große Zahl junger Menschen im Internet zu motivieren, selbst zu Multiplikator(inn)en der Lerninhalte zu werden.

1 Jugendkommunikation im Web 2.0

Sowohl die jüngste JIM-Studie, die im Juli 2009 vorgelegte Studie des Branchenverbandes BITKOM und auch die aktuellen Ergebnisse der ARD/ZDF-Onlinestudie 2009 haben eine wichtige Botschaft: Eine deutliche Mehrheit der Kinder und Jugendlichen sind online und je älter sie sind, desto größer ist ihre Beteiligung an den Angeboten des Web 2.0.[1] Jene auch als „Mitmachnetz" (Fisch/Gscheidle 2008) bezeichnete Weiterentwicklung des Internets bietet Möglichkeiten an, die über das bloße Rezipieren medialer Inhalte hinausgehen. Den Nutzer(inne)n steht es frei, eigene Inhalte zu gestalten, zu veröffentlichen und mit anderen zu kommunizieren. An der Spitze der favorisierten Aktivitäten junger Menschen stehen dabei die Pflege der sozialen Kontakte und Profilseiten innerhalb von Online-Communitys. Interaktive Erfahrungen, die Jugendliche mit diesen Angeboten machen, prägen entscheidend soziale Kompetenzen, Wissen und Normen innerhalb der Generation der „digital natives“ (vgl. Prensky 2001). Merkmal der Interaktion ist hierbei eine Form der Peer-to-Peer-Kommunikation, ein Kommunizieren unter Gleichen, das zwar Informationen aus anderen Quellen aufnimmt, diese aber in eigenen sozialen Räumen interpretiert, vermittelt und neu zusammensetzt (vgl. Wagner 2008). Jugendbildungsarbeit im Netz muss daher neue Wege beschreiten und sich den veränderten Kommunikationsformen anpassen, will sie erfolgreich junge Menschen erreichen und nachhaltige Lerneffekte erzielen. Das Vorhaben einer direkten Ansprache im Sinne eines einfachen Sender-Empfänger-Modells muss daher einer Strategie weichen, die sich auf Augenhöhe in die Jugendkommunikation im Web 2.0 einbringt. Das Konzept der digitalen Jugendbildung folgt dieser Kommunikationsstrategie und ist darauf angelegt, verstärkt die Jugendlichen selbst zu Multiplikator(inn)en der Information und damit verbundener Lerninhalte zu machen.

1.1 Web 2.0 als jugendkultureller Raum

Über 5 Millionen Jugendliche sind Benutzerinnen und Benutzer des sozialen Netzwerkes SchülerVZ. Dies entspricht in etwa 2 von 3 Schülerinnen und Schülern in Deutschland. Die Online-Aktivität erstreckt sich jedoch oft nicht nur auf ein einzelnes Netzwerk. Im Prozess des Heranwachsens werden zunehmend auch andere Dienste – wie YouTube, Twitter oder Facebook – genutzt und erprobt. Darüber hinaus finden zahlreiche konkurrierende Angebote für Videos, Fotos und Spiele eine populäre Anwendung, deren Medieninhalte spezialisierte Interessen junger Menschen bedienen. Die dafür aufgewendete Zeit ist beträchtlich: Über die Hälfte der Jugendlichen beschäftigt sich ein bis drei Stunden täglich mit dem Computer (vgl. 13. Kinder- und Jugendbericht, 2009). Eine wesentliche Rolle spielen in dem Zusammenhang Selbstdarstellung und -inszenierung. Dass es sich hierbei um ein Phänomen der Bildungsbevorteilten handelt, an dem Bildungsbenachteiligte keinen oder nur geringen Anteil nehmen, bestätigt sich nicht.

Auch die von vielen vermutete unterschiedliche Qualität der Nutzung – je nach Bildungshintergrund – trifft immer weniger zu (vgl. Wagner/Brüggen/Gebel 2009). Vielmehr vollzieht sich die Abgrenzung der unterschiedlichen sozialen Gruppen über kulturelle Verortungen in Bezug auf Jugend- und Herkunftskulturen. Dabei spielen vor allem popkulturelle Referenzen, wie Musik, Filme, Stars oder Kleidung eine entscheidende Rolle im Prozess der Differenzierung. Wichtigster Bezugspunkt sind dabei die „Freunde" der eigenen Peergroup, die ein neues Zentrum in den sozialen Bezügen mit einer gleichzeitigen Veränderung der Beziehung zu den Eltern ausbilden. Es tritt eine verstärkte Bindung zu Gleichaltrigen auf, die innerhalb der Online-Aktivitäten in sozialen Netzwerken ihren Ausdruck findet. Jugendliche erleben somit die Online-Communitys als einen Freiraum von elterlicher und pädagogischer Kontrolle und damit als ihren privaten, jugendkulturellen Raum (vgl. Schorb/Keilhauer/Würfel/Kießling 2008). Damit differenziert sich ein eigener Kommunikationsraum mit speziellen jugendspezifischen Codes aus, der sich gegenüber direkten Eingriffen von außen verschließt. Wer die Codes nicht beherrscht und im Freundesnetzwerk keine Anschlussmöglichkeiten vorweisen kann, wird ignoriert. Wer sich als „Erwachsener" ins SchülerVZ schleicht, verstößt nicht nur gegen die allgemeinen Geschäftsbedingungen der Jugendcommunity, sondern wird rasch von den Jugendlichen selbst beim Betreiber gemeldet und schließlich zu Recht mit seinem Profil gelöscht.

1.2 Informationsaneignung im Web 2.0

Das Internet dient jungen Menschen als Quelle für eine ganze Reihe unterschiedlicher Informationen. Besonderen Stellenwert haben neben Inhalten zu Schule, Beruf und Alltag vor allem Medienthemen und Freizeitinteressen. Heranwachsende gehen dabei nicht allein über Suchmaschinen, sondern nutzen audiovisuelle Quellen wie YouTube, Communitys und Instant Messenger, um Antworten auf ihre Fragen zu erhalten (vgl. Wagner 2008). Informationen werden von jenen weitergegeben, die sich bereits ein vielfältiges Wissen angeeignet haben und auch innerhalb der Peergroup anerkannt sind. Andere rezipieren diese Inhalte, verbreiten sie und orientieren sich daran. Dies geht Hand in Hand mit dem Prozess der Persönlichkeitsentwicklung, der Findung bestimmter eigener Positionen und Entwicklung eines eigenen Geschmacks und Stils. Dies geschieht innerhalb der Interaktion mit dem direkten sozialen Umfeld, wo Meinungen diskutiert, differenziert und Abgrenzungsprozesse eingeleitet werden. Hier zeigt sich die hohe Relevanz der Peer-to-Peer-Kommunikation innerhalb der Online-Communitys, die sich immer stärker als Hauptressource für Wissen und Information, aber auch für die Identitätsarbeit abzeichnet. So besitzen die in der Peergroup etablierten Normen und Erwartungen hohen Einfluss auf Entscheidungen und Verhaltensweisen junger Menschen und bilden spezielle jugendspezifische Standards heraus, die sich von denen der Eltern und Pädagog(inn) en unterscheiden und deutlich abgrenzen.

1.3 Spannungsfelder

Aus der oben skizzierten Form der Jugendkommunikation im Web 2.0 ergeben sich unterschiedliche Spannungsfelder, die die Medienpädagogik vor neue Herausforderungen stellen:

- Die Peer-to-Peer-Kommunikation innerhalb des Web 2.0 führt zu einer Egalisierung von Information und deren Quellen. Dies bedeutet einerseits, dass die von Nutzer(inne)n generierten Inhalte theoretisch auf gleicher Ebene neben journalistisch aufgearbeiteten Informationen stehen und junge Menschen damit potentiell die Möglichkeit haben, sich an gesellschaftlich relevanten Diskursen über das Netz gleichberechtigt zu beteiligen. Auf der anderen Seite verliert sich aber ein kritisches Hinterfragen der Information nach ihrer Überprüfbarkeit und den Quellen im Vermittlungsprozess der Jugendkommunikation. Insofern verlangt das Wegdriften verlässlicher „Wahrheitsanker“, die in klassischen Medien durch eine hierarchische Vermittlung gewährleistet waren, auch ein höheres Maß an Medienkompetenz, um differenziert Informationen zu selektieren und kritisch zu hinterfragen.
- Ein weiteres Problemfeld betrifft die Nutzungsdauer digitaler Medien. Viele Kinder und Jugendliche verbringen zunehmend substantielle Teile ihrer freien Zeit kommunizierend oder spielend vor dem PC. Bei einem Teil von ihnen verdrängen diese Beschäftigungen andere Freizeitinteressen und können zur Vernachlässigung bisheriger sozialer Kontakte führen. Beeinträchtigungen des schulischen Erfolgs und gesundheitliche

Störungen bilden hier extreme Formen exzessiver Mediennutzung. Daher ist es notwendig, junge Menschen für eine Ausgewogenheit verschiedener Freizeitaktivitäten zu sensibilisieren und konkrete Angebote dafür zu machen.

Dazu ergeben sich unterschiedliche Spannungsverhältnisse aus dem von Jugendlichen subjektiv erlebten Freiraum innerhalb des Web 2.0 und den technischen, rechtlichen und kommerziellen Rahmenbedingungen dieser sozialen Räume. Problembereiche sind hier der Umgang mit Urheberrechten, die unreflektierte Nutzung kommerzieller Angebote, die im Extremfall in Kostenfallen endet, die verklausulierten und nicht jugendgerechten Geschäftsbedingungen der Angebote, ihre rechtlichen Grundlagen und Konsequenzen und der unreflektierte Umgang mit persönlichen Daten:

- Jugendliche wachsen in Onlinewelten auf, in denen jedes Bild, jedes Video, jeder Musiktitel und jede Software scheinbar frei verfügbar ist. Da dies faktisch der Fall ist, bildet eine große Zahl der Jugendlichen kein Bewusstsein für einen sensiblen Umgang mit Urheberrechten aus und vernachlässigt das Risiko strafrechtlicher Konsequenzen.
- Die in der Regel kostenfreien Angebote im Web 2.0 verfolgen kommerzielle Interessen. Meist bieten die hohen Zugriffe durch junge Menschen eine Werbeplattform, mit der sich Dienste wie Online-Communitys refinanzieren. Dass hierbei die veröffentlichten Daten der Nutzenden einen Warenwert besitzen, ist Jugendlichen in der Regel nicht deutlich. Auf dieser Grundlage akzeptieren sie die allgemeinen Geschäftsbedingungen und machen sich kaum bewusst, welche Verbraucherrechte sie besitzen und welche Daten, Informationen und Rechte sie an die Betreiber abtreten.
- Darüber hinaus veröffentlichen Jugendliche oft sehr freizügig eine große Menge persönlicher Daten, Bilder und Videos und unterschätzen dabei, welche Folgen dies zum Beispiel hinsichtlich zukünftiger Karrierechancen haben kann. Dass das Internet nichts vergisst und potentiell einen globalen Zugang erlaubt, wird im subjektiven Empfinden des privaten Raums nicht hinterfragt (vgl. JIM-Studie 2008). Hier bedarf es neuer pädagogischer Strategien, die sich auf den Kommunikationsprozess im Web 2.0 einlassen und Jugendliche in ihrer Netzkompetenz stärken.

2 Digitale Jugendbildung

Gängige Bildungskonzepte gehen in der Regel von einem hierarchisch strukturierten Vermittlungsprozess aus, der anhand kanonisierter Lerninhalte verbindliche Definitionen, feststehende Fakten und zu erlernende Kompetenzen an die Lernenden weitergibt. Es entsteht ein linearer Lernzusammenhang, der am Wahrheitsanspruch und den Interessen des Lehrenden ansetzt. Dieses Verständnis steht jedoch im Widerspruch dazu, wie sich Kinder und Jugendliche informell Wissen im Internet aneignen (vgl. Röll 2008). Junge Menschen nutzen einen Zugang zu Wissen und Information, der wesentlich – über Interaktion innerhalb der Peer-to-Peer-Kommunikation vermittelt – vom Eigeninteresse des Jugendlichen geleitet wird. Daher scheitern Bildungsangebote im Internet, die auf herkömmliche Formen der Jugendbildung setzen und hierarchisch Lerninhalte auf Websites platzieren, die kaum anschlussfähig an die Jugendkommunikation im Web 2.0 sind. Die Folge ist, dass junge Menschen diese Angebote schlicht ignorieren und eine Kluft zwischen durchaus wichtigen Inhalten, beispielsweise in Bezug auf die oben beschriebenen Risiken und Spannungsfelder, und dem Herausbilden eigener, jugendspezifischer Normen und Wissensinhalte entsteht. Hier setzt das Konzept der digitalen Jugendbildung an und folgt entgegen herkömmlicher Lernkultur einer „Pädagogik der Irritation“,[2] die Lerninhalte nicht außerhalb der Jugendkommunikation stellt, sondern

- Angebote dort macht, wo die Jugendlichen sind,
- junge Menschen einbezieht, zum Mitmachen einlädt und schließlich
- Jugendliche selbst zu Trägern und Multiplikator(inn)en von Information macht.

2.1 Jugendkommunikation irritieren

Eine erfolgreiche Kommunikationsstrategie digitaler Jugendbildung muss sich an der Peer-to-Peer-Kommunikation innerhalb des Web 2.0 orientieren und sich genau dort einbringen, wo Jugendliche sind. Dies kann jedoch nicht in direkter Form eines linear gestalteten Lehr-Lern-Zusammenhangs erfolgen, weil sich die Jugendkommunikation im Web 2.0 über eigene, jugendkulturelle Codes reproduziert, die gruppenspezifisch unterschieden sind und sich dadurch von der Umwelt pädagogischer Einflussnahme abgrenzen. So führt der Versuch eines hierarchisch strukturierten Eingriffs innerhalb der Online-Communitys entweder zur Auflösung der Jugendkommunikation im jeweiligen Sozialraum oder er wird von den Akteuren schlicht ignoriert. Auch ein bloßes Nachahmen der Codes führt schnell zum Ausschluss, da hier keine Referenzen zu den „Freunden" der Peergroup nachgewiesen werden können.

Vergleichbar mit systemtheoretischen Ansätzen haben wir es mit einem System zu tun, das sich aus seinen eigenen Elementen der Jugendkommunikation reproduziert, sich mit Hilfe spezifischer jugendkultureller Codes strukturiert und keinen direkten Kontakt mit der Umwelt aufweist. Jedoch kann das System bestimmte Irritationen aus seiner Umwelt beobachten und diese als Ereignis innerhalb der eigenen Kommunikation wahrnehmen. Genau diesem Modell folgt auch die „Pädagogik der Irritation", die über gezielte Anstöße etablierte Normen, bisheriges Wissen und eingespielte Verhaltensweisen in Frage stellt und dadurch zum Nachdenken reizt und Reflexionsprozesse anregt, aber in den vermittelnden Prozess der Kommunikation nicht direkt eingreift.[3]

Strukturell kann dabei an Formen viralen Marketings angeknüpft werden. Diese Art und Weise subtiler Werbung erfolgt durch anregende und meist amüsierende Medienanreize, ohne dass der Sender der Information im Mittelpunkt steht. Es werden Inhalte geboten, die für die Zielgruppe als neu und so interessant erlebt werden, dass sie diese an ihre Freunde weitergeben. Wie ein Virus verbreiten sich Informationen im Sinne einer digitalen Mundpropaganda, ohne dass weiterer Einfluss auf die Wirkung, Effekte und ihre Ausbreitung genommen werden kann. Hierbei stehen vor allem der Spaß und nicht die Werbebotschaft im Vordergrund. Von dieser Form der Kommunikation kann digitale Jugendbildung eine Strategie ableiten, sich mit bestimmten Lerninhalten in den Prozess der Jugendkommunikation einzubringen, um die Zielgruppe selbst zum Multiplikator der Information zu machen. Dass die Lernbotschaft dabei eine eigene Dynamik erhält, die im Vermittlungsprozess der Peer-to-Peer-Kommunikation auch neue Interpretationsmöglichkeiten zulässt, ist Teil eines gemeinsamen Lernprozesses von Pädagog(inn)en und Lernenden. Damit diese Rückkopplung erfolgreich gelingt, brauchen Jugendliche eine personelle Verlässlichkeit in Form pädagogischer Begleitung.

2.2 Begleitung durch Jugendarbeit online

Jugendarbeit online muss verstanden werden als aufsuchende Jugendbildung, die sich dort einbringt, wo die Jugendlichen sind, und mit ihnen gemeinsam neue Erfahrungen macht. Dabei orientiert sich digitale Jugendbildung direkt an den Bedürfnissen der Jugendlichen und steht als offenes Angebot innerhalb von Online-Communitys, beispielsweise als Twitterkanal, YouTube-Channel oder SchülerVZ-Profil immer dann zur Verfügung, wenn junge Menschen ein Interesse anmelden und direkte Fragen stellen. In Form irritierender Anreize werden somit Jugendliche aufmerksam auf bestimmte Lerninhalte, kommunizieren darüber, leiten sie mit Hilfe ihrer spezifischen Codierung weiter und erhalten dazu eine komplementäre Begleitung durch Online-Jugendarbeiter(innen). Diese stehen den Jugendlichen in vielfältiger Art und Weise im Netz zur Verfügung und helfen dabei, bestimmte Informationen zu finden, diese zu differenzieren und selbstgesteuert Wissen anzueignen. Die Rolle des Pädagogen wandelt sich dabei vom Navigator (vgl. Röll 2003) zum Begleiter, der von den Agierenden angerufen werden kann. Er ist damit nicht Teil der Peer-to-Peer-Kommunikation, sondern steht im Austausch mit Einzelnen, wenn bestimmte Informationen und Kompetenzen innerhalb der Community nicht selbst generiert werden können. Somit lernt der Begleiter von den Expert(inn)en der Jugendkommunikation und es können sich gemeinsame Lernprozesse entwickeln. Mit der Jugendkampagne *watch your web* wurde das Konzept der digitalen Jugendbildung erstmals erprobt und es konnte erfolgreich gezeigt werden, dass hier weitreichende Lernpotentiale verborgen liegen, die zukünftig auszubauen sind.

3 Die Jugendkampagne *watch your web*

Mit der Jugendkampagne *watch your web* zur Sensibilisierung im Umgang mit persönlichen Daten im Internet konnte eine öffentlichkeitswirksame Jugendkampagne gestartet werden, die junge Menschen über die Gefahren eines leichtfertigen Umgangs mit ihren Daten aufklärt und dafür sensibilisiert, einen bewussten und kritischen Umgang mit persönlichen Daten im Internet zu pflegen. Die Zielgruppe der Jugendlichen wurde direkt innerhalb der größten sozialen Netzwerke angesprochen und die Lernbotschaften konnten hier erfolgreich Verbreitung finden. Hierbei war in erster Linie ein

Setting verschiedener Bausteine notwendig, um eine gesellschaftliche Akzeptanz für die Maßnahmen zu generieren und in Form eines breit angelegten Partnernetzwerks zu agieren. Seit April 2008 wurde die Kampagne vorbereitet und konnte innerhalb eines Jahres aufgestellt werden. Das Kommunikationsmodell zur Verbreitung der Kampagnenbotschaften setzte dabei vor allem auf nachhaltige Verbreitungswege im Web 2.0 und suchte hier virale Effekte bei der Zielgruppe zu erzeugen. Die Maßnahmen der Jugendkampagne orientierten sich daran:

- Angebote innerhalb der populären Online-Communitys zu machen,
- irritierende Medieninhalte in Form von Profilseiten, Videos und einem Webtest zu platzieren,
- eine Comicfigur namens „Webman" als Ansprechpartner innerhalb der Communitys zu platzieren, der für Fragen der Jugendlichen zur Verfügung steht,
- Jugendliche nicht zu belehren, sondern sie einzubeziehen, ihnen positive Angebote zu machen und damit ihre Kenntnisse auf Augenhöhe zu erweitern,
- die Zielgruppe zu beteiligen und selbst zum gleichberechtigten Träger und Multiplikator der Lerninhalte zu machen.

3.1 Elemente der Kampagne

Die Jugendkampagne *watch your web* startete mit einer öffentlichkeitswirksamen Pressekonferenz im Juni 2009 in Berlin. Hier wurden die Kernelemente der Kampagne vorgestellt. Folgende Botschaften standen im Mittelpunkt:

- „Das Internet vergisst nichts!"
- „Was einmal im Internet steht, kann sich schnell verbreiten!"
- „Virtuelles ist real!"
- „Im Internet ist man nicht immer ungestört!"

Analog dazu wurden vier Videoclips unter Einbezug von jugendlichen Laienschauspielern produziert. Darunter war ein Spot, bei dem die Jugendlichen ihren eigenen Namen online in die Handlung platzierten und anschließend das so entstandene Video an ihre Freunde weiterleiten konnten. Daneben stellte die Kampagnenseite *www.watchyourweb.de* in Form von Tutorials und Hilfen vertiefte Informationen zu Sicherheits- und Privatsphäreneinstellungen in unterschiedlichen Communitys bereit. Ein Webtest forderte dazu auf, sich selbst in Bezug auf Sicherheit im Netz einzustufen, und die Aktion „In welchen Situationen hättest du Webman gebraucht?“ bot Jugendlichen die Möglichkeit, anderen ihre Erfahrungen anonym über eine Pinnwand mitzuteilen. Kernidee der Jugendkampagne war die zielgruppengerechte Visualisierung der Gefahren durch zwei Gegenspieler im Comicformat: „Data Devil“ und „Webman“.

3.2 Das Partnernetzwerk

Seit April 2008 fanden im Vorfeld der Kampagne vier Arbeitstreffen statt, in denen über 30 Partner aus den Bereichen Jugend-, Verbraucher- und Datenschutz, Vertreter der Internetwirtschaft, medienpädagogische Initiativen und Projekte, Jugendarbeiter(innen) und Vertreter(innen) aus dem schulischen und außerschulischen Bildungsbereich sowie dem Feld der Jugendinformation zusammentrafen und gemeinsam die Botschaften und inhaltliche Ausrichtung der Kampagne entwickelten. Allein durch die breite Unterstützung der Partner konnte der Erfolg der Kampagne sichergestellt werden, weil alle relevanten Institutionen in Deutschland eingebunden waren und somit *watch your web* positiv nach außen vertraten. Zusätzlich wurden Medienpartnerschaften zur Umsetzung der Kampagne gesucht, die in erster Linie die mediale Verbreitung im Internet unterstützten. Neben Kooperationen mit dem Musiksender VIVA und der Telekom war es vor allem wichtig, populäre soziale Netzwerke als Partner zu gewinnen. Hierfür konnte eine Zusammenarbeit mit SchülerVZ, den Lokalisten, Wer-kennt-wen und Facebook erzielt werden.

3.3 Mediale Öffentlichkeitswirksamkeit

Die Jugendkampagne fand nach dem erfolgreichen Start mit über 1000 Presseberichten bundesweit eine breite Resonanz in Printmedien. Weit über 300 relevante Onlinemedien berichteten und es konnten über 20 TV-Beiträge zu *watch your web* gezählt werden. Darüber hinaus gab es zahlreiche Radiosendungen und verschiedene Blog- und Twitterbeiträge, die die Kampagne kommentierten und verbreiteten. Diese große Öffentlichkeitswirksamkeit zum Start der Kampagne zeigte, dass die Kampagne ein gesellschaftlich relevantes Problemfeld thematisierte und Lösungsansätze anbot, wie sie in dieser Form bisher nicht vorhanden waren. Die große mediale Öffentlichkeit bereitete darüber hinaus den gesellschaftlichen Resonanzboden für die weiteren Maßnahmen der Kampagne, die dann verstärkt auf virale Effekte setzte und sich direkt an junge Menschen wandte.

3.4 Virale Effekte innerhalb von Online-Communitys

Die Jugendkampagne *watch your web* ist bei der Zielgruppe der 12- bis 16-Jährigen angekommen. In erster Linie wird dies im sozialen Netzwerk SchülerVZ sichtbar. Über 700 000 unterschiedliche Nutzerinnen und Nutzer haben bisher das Profil von „Webman" besucht, knapp 80 000 haben ein Häkchen bei „ich finde Webman gut" gesetzt und damit einen Direktlink in ihrem Profil zum Kampagnenprofil hinzugefügt. Weit über 15 000 Einträge befinden sich aktuell auf der Pinnwand des Profils und über den internen Maildienst erhielt „Webman" etwa 5000 Nachrichten und Fragen, die auch zum größten Teil beantwortet wurden. Insgesamt wurden von den Jugendlichen über 60 Diskussionsgruppen zur Kampagne mit über 600 Mitgliedern gegründet. Der Webtest wurde von knapp 20 000 Jugendlichen ins eigene Profil übernommen und die Kampagnenvideos wurden auf der Videoplattform youtube.com knapp 350 000 Mal angeschaut. Allein diese Zahlen zeigen, dass die Kampagne nach dem Erfolg in den klassischen Medien vor allem durch die viralen Effekte innerhalb der sozialen Netzwerke nachhaltig Verbreitung gefunden hat. Neben den quantitativ gezeigten Effekten nahmen Jugendliche die Botschaften auch kreativ auf und generierten in Eigeninitiative Inhalte, die innerhalb der Peer-to-Peer-Kommunikation Verbreitung fanden. Es entstanden verschiedene Videos von Jugendlichen, die außerhalb pädagogischer Projekte produziert und auf verschiedenen Plattformen gestreut wurden.[4] Dazu adaptierten die Jugendlichen die Comicfiguren in der Form, dass eigene Profile des Gegenspielers von „Webman", dem „Data-Devil", entstanden und sich in die Diskussion einbrachten. Dieses Spiel mit den gegebenen Inhalten und Botschaften zeigte, dass *watch your web* sich erfolgreich als Irritation in die Jugendkommunikation im Web 2.0 einbringen konnte und hier Jugendliche zu Multiplikator(inn)en der Lerninhalte wurden, die sie in ihrer eigenen Codierung weiter trugen.[5]

3.5 Fragen an Webman

Die zahlreichen Fragen an „Webman" im SchülerVZ deuten auf einen hohen Bedarf an Hilfestellungen zu unterschiedlichen Themenfeldern hin. Hier zeigt sich, dass junge Menschen Angebote von Jugendarbeit online annehmen und Begleitung erwarten. Die Jugendlichen hatten Fragen zur Sicherheit im Web und in der Community, zu technischen und gestalterischen Fragen, die vor allem die Online-Community SchülerVZ selbst betreffen, kritische Fragen zu den Hintergründen und Trägern der Kampagne, sowie allgemeine Fragen und Bedürfnis nach Unterhaltung.

Typische Fragen zum Thema Sicherheit in Communitys waren:

- *„Webman, soll ich jetzt alle meine Bilder löschen?"*
- *„Ich hab jetzt ganz viele Bilder gelöscht, aber das ist doch blöd, wenn man gar nichts mehr zu zeigen hat."*
- *„Stimmt das, dass es im VZ auch Lehrer gibt?"*
- *„Ich hab mit meinem Freund Schluss gemacht und hab seit zwei Tagen einen neuen. Jetzt geht hier überall rum, dass ich eine Schlampe wär. Was soll ich machen?"*

Das „Edelprofil" von „Webman" bot größere Gestaltungsmöglichkeiten als ein normales Profil. Beispielsweise war hier das Einbetten von Videos und dem Webtest möglich. Typische Fragen waren hier:

- *„Wie hast du das mit den Videos gemacht? Kann jetzt jeder Videos haben?"*
- *„Webman, wie kann ich auch ein Edelprofil werden?"*

Die Diskussionen und Entscheidungen um Vorratsdatenspeicherung, Computerspiele und Access Blocking sind an vielen Jugendlichen nicht spurlos vorübergegangen. Die Unterstützung der Kampagne durch das BMFSFJ führte dazu, die Integrität der Kampagne grundsätzlich in Zweifel zu ziehen.

- *„Webman wird vom Familienministerium unterstützt, dabei hat die Familienministerin ZENSURSULA von der Leyen selbst noch den Vorschlag mit den Sperrlisten im Internet gemacht. Das stellt eine Form der Zensur da, und wenn das BKA erstmal diese Listen hat, dann wird es* *mit Sicherheit auch andere Seiten wie z. B. Filesharingseiten sperren. Das ist eine schamlose Unterwanderung des Grundgesetzes!!!"*

- *„Webman, du sagst, du seist für ein freies Internet. Ich hab aber gehört, dass du für Zensur bist und hier bald alle unsere Nachrichten gelesen werden und wir nicht mehr sagen dürfen, was wir wollen."*

Viele Jugendliche griffen die Figur des „Data Devil" auf, kreierten dazu eigene Profile und agierten dann im Rahmen des Rollenspiels als Gegenspieler von „Webman". Andere hatten offenbar Spaß an diesem Wettkampf und gründeten entsprechende Fangruppen. Dies zeigt, dass die Kommunikationselemente der Kampagne tatsächlich von den Jugendlichen aufgegriffen wurden und eine Auseinandersetzung mit dem Themenfeld initiiert werden konnte.

Darüber hinaus stellte „Webman" für die Jugendlichen eine willkommene Abwechslung im SchülerVZ dar. Hier agierte erkennbar eine Kunstfigur, die Fragen aufwirft und irritierend auf die gewohnte Peer-to-Peer-Kommunikation wirkte. Für viele Jugendliche war daher eine wichtige Auseinandersetzung mit der Figur, ob hinter „Webman" ein realer Mensch steht, ob er auch tatsächlich Fragen beantwortet, wo der reale Mensch wohnt, welches Alter, Geschlecht oder Hobbys er hat. So setzten viele Jugendliche große Energie daran, diese Fragen zu lösen. Während Jungen gerne wissen wollten, welchen Fußballverein die Comicfigur toll findet, interessierte Mädchen, ob „Webman" eine Freundin habe. Manche Mädchen sahen dabei die Figur als Gelegenheit, gefahrlos zu „flirten". Die Gruppe „Beziehungsstatus: Verliebt in Webman" war mit etwa 200 Mitgliedern die größte Webman-Fangruppe im SchülerVZ.

4 Fazit

Die Jugendkampagne *watch your web* konnte modellhaft zeigen, dass es in einer veränderten Medienwelt notwendig ist, neue Wege der Medienkompetenzbildung zu gehen, um junge Menschen im Web 2.0 zu erreichen und Prozesse einer Peer-to-Peer-Kommunikation in Bezug zum Spannungsfeld eines verantwortungsvollen Umgangs mit persönlichen Daten zu initiieren. Dabei konnten Elemente digitaler Jugendbildung erprobt und erfolgreich umgesetzt werden. Es wurden unterschiedliche Medieninhalte dort platziert, wo sich Jugendliche aufhalten, und in Form einer „Pädagogik der Irritation"

Kommunikation unter der Zielgruppe angeregt, so dass Jugendliche selbst auf unterschiedliche Art und Weise zum Träger und Multiplikator der Lerninhalte wurden. Auch konnte mit der Avatar-Figur „Webman" eine Form der Jugendarbeit online erprobt werden, die uns zeigt, dass hier ein hoher Bedarf an Begleitung besteht und zukünftig auszubauen ist. Welche tatsächlichen Lerneffekte bei der Zielgruppe eingetreten sind, muss nach Ende der Kampagne analysiert werden. Erste Beobachtungen zeigen, dass eine Vielzahl der interessierten Jugendlichen während der Kampagnenlaufzeit ihre Profile in der Art geschützt haben, dass sie allein für Freunde sichtbar sind. Nach einer internen Onlinebefragung durch SchülerVZ haben knapp ein Drittel aller registrierten Nutzer(innen) die Kampagne wahrgenommen und 24 % gaben an, ihr Verhalten aufgrund der Botschaften geändert zu haben. Neben diesem direkten Lerneffekt ist vor allem die Auseinandersetzung der vielen Jugendlichen mit dem Thema innerhalb der Communitys ein Erfolg. Die Jugendkampagne *watch your web* kann dabei aber nur ein erster beispielhafter Schritt sein und muss durch pädagogische Maßnahmen in Schule und Jugendarbeit vor Ort flankiert werden. Dazu gibt es unterschiedliche Angebote der Partner der Kampagne, wie zum Beispiel das „Netzstadtspiel"6, und unterschiedliche regionale Workshops, die im Rahmen der Kampagne stattfinden und an die Popularität von *watch your web* anknüpfen.

Im Weiteren wird das Konzept der digitalen Jugendbildung im Projekt Jugend online weiterentwickelt und soll in Zukunft dahingehend ausgebaut werden, sich mit weiteren, oben skizzierten Spannungsfeldern auseinanderzusetzen und diese in Form pädagogischer Kommunikationsstrategien und Kampagnen umzusetzen. Dies wird dann gelingen, wenn wir uns auf die Jugendkommunikation der „digital natives" einlassen und junge Menschen dort erreichen, wo sie tagtäglich sind: im Web 2.0.

Anmerkungen

1 Laut der aktuellen BITKOM-Studie nutzen bereits 71 Prozent der 7- bis 10-Jährigen das Internet zu Hause. Von den 11- bis 14-Jährigen nutzen 93 Prozent einen vorhandenen Internetzugang und im Alter von 15 bis 17 Jahren sind es sogar 99 Prozent der Jugendlichen. Laut der JIM-Studie 2008 ist die Nutzung des Internets fest im Alltag der Jugendlichen verankert. 62 Prozent aller 12- bis 19-Jährigen gehen täglich online, weitere 22 Prozent mehrmals pro Woche. Jungen und Mädchen unterscheiden sich hier kaum, mit zunehmendem Alter der Jugendlichen steigt die Nutzungshäufigkeit des Internets dann deutlich an. Dabei haben drei Viertel der 12- bis 19-Jährigen Internet-Nutzer inzwischen Erfahrungen mit Online-Communitys gemacht, 41 Prozent besuchen diese Plattformen täglich, weitere 16 Prozent mehrmals pro Woche. Von den täglichen Nutzern schaut sich die Hälfte sogar mehrmals am Tag in der Community um.

2 Bereits bei Sokrates findet sich ein Ansatz, der als „Pädagogik der Irritation" bezeichnet wird (vgl. Fischer 2004). Rolf Arnold schreibt dazu aus einer Perspektive der systemischen Pädagogik: „Die Aufgabe von Lehrerinnen und Lehrern liegt darin, ihre Schülerinnen und Schüler in ihrer Entwicklung und ihrem Lernen zu fördern und zu unterstützen. Dies gelingt ihnen jedoch nicht, wenn sie die Interaktion gemäß eigener verborgener Bedürfnisse rekonstellieren. Vielmehr sollten sie in der Lage sein, ohne Angst und mit innerer Kraft auf die Lesarten ihrer Schülerinnen und Schüler zu lauschen und immer wieder neue Versuche zu unternehmen, mit diesen in einen konstruktiven Dialog einzutreten, sie zu beraten und zu begleiten. Dem Fragen kommt dabei eine grundlegende Bedeutung zu. Es war Sokrates, der die Kunst des Fragens kultivierte und in seiner Pädagogik der Irritation praktizierte." (Arnold 2009, S. 19). Darüber hinausgehend findet der Begriff der Irritation vor allem in Ansätzen konstruktivistischer Theoriebildung seine Anwendung. Im von Humberto Maturana formulierten Prinzip der Autopoiesis operiert jedes System auf der Organisationsebene als geschlossenes System – ohne jeglichen Input aus der Umwelt. Das System kommt also nie in direkten Kontakt mit der Umwelt und kennt daher nur seine eigenen, internen Zustände. Jede Erkenntnis über die Umwelt ist demnach eine Beobachtung eines bestimmten beobachtenden Systems mit Hilfe spezifischer Unterscheidungen. Dabei können „Irritationen" aus der Umwelt auftreten, die vom System selbst als solche beobachtet und gegebenenfalls als Ereignis interpretiert werden (vgl. Maturana/Varela 1974; vgl. Maturana/Varela 1990).

3 Digitale Jugendbildung knüpft an das von Franz Josef Röll entwickelte Konzept einer „Pädagogik der Navigation" an, geht aber mit dem Begriff der „Irritation" darüber hinaus (vgl. Röll 2003). Röll schlägt vor, dass die Lehrenden die Rolle des Navigators einnehmen und bestimmte Lernarrangements organisieren und damit die Lernumgebung generieren. Hierin fördern sie die Auseinandersetzung der Lernenden mit den Lerninhalten und befähigen sie zum selbstgesteuerten Lernen. Ziel dabei ist, die Lernenden selbst zu Navigatoren auszubilden und sich gemeinsam mit dem

Initiierenden Lernstoffe zu erarbeiten. Beispielhaft wird dies anhand von speziellen Internetangeboten wie Wikis oder Blogs beschrieben. Im Unterschied dazu nimmt die „Pädagogik der Irritation“ zwar das Szenario des komplementären Lernens auf, generiert aber keine eigenen Lernräume, sondern bringt sich irritierend in bestehende Online-Communitys ein, um Lerneffekte innerhalb der Peer-to-Peer-Kommunikation anzustoßen und diese zu begleiten.

4 Beispiele für selbst produzierte Videos von Jugendlichen: http://www.youtube.com/watch?v=KBH_JENO1ww (Zugriff 09.09.2009), http://www.youtube.com/watch?v=b-19f1g0sSo (Zugriff 09.09.2009).

5 Die Irritation erfolgte am Beispiel der Jugendkampagne *watch your web* vor allem über das Profil von „Webman“, das als besonderes, so genanntes „Edelprofil“ über die Gewohnheiten innerhalb der Community hinausging und somit eine Auseinandersetzung mit den Medieninhalten der Videos und des Webtests provozierte. So übertrugen die Videoclips das Internetverhalten und die virtuellen Konsequenzen einer freizügigen Datenpreisgabe auf Alltagssituationen von Jugendlichen und konnten aufgrund des Humors und der Authentizität der Darstellung junge Menschen ansprechen.

6 http://www.netzstadtspiel.de (Zugriff 11.09.2009)

Literaturangaben

Arnold, Rolf (2009): Der Eid des Sisyphos - Anregungen einer Systemischen Pädagogik. In: GEW-Zeitung Rheinland-Pfalz 3/2009, S. 18–21.

Bundesministerium für Familie, Senioren, Frauen und Jugend (Hrsg.) (2009): 13. Kinder- und Jugendbericht 2009. Bericht über die Lebenssituation junger Menschen und die Leistungen der Kinder- und Jugendhilfe in Deutschland.

Bundesverband Informationswirtschaft, Telekommunikation und neue Medien - BITKOM (2009): Studie zur Mediennutzung. In: http://www.bitkom.org/de/presse/8477_60220.aspx (Zugriff 09.09.2009)

van Eimeren, Birgit/Frees, Beate (2009): Ergebnisse der ARD/ZDF-Onlinestudie 2009. Der Internetnutzer 2009 - multimedial und total vernetzt? In: media perspektiven 7/2009, S. 334–348.

Fisch, Martin/Gscheidle, Christoph (2008): Mitmachnetz Web 2.0: Rege Beteiligung nur in Communitys. In: Media Perspektiven, H. 7, S. 356–364.

Fischer, Wolfgang (2004): Sokrates pädagogisch. Würzburg.

Maturana, Humberto R./Varela, Francisco J. (1990): Der Baum der Erkenntnis: Die biologischen Wurzeln des menschlichen Erkennens. München.

Medienpädagogischer Forschungsverbund Südwest (Hrsg.) (2008): JIM-Studie 2008. Jugend, Information, (Multi-)Media. Stuttgart.

Prensky, Marc (2001): Digital Natives, Digital Immigrants, in: *On The Horizon*, Vol. 9.

Röll, Franz Josef (2003): Pädagogik der Navigation. Selbstgesteuertes Lernen mit Neuen Medien. München.

Röll, Franz Josef (2008): Lernbausteine für die Web 2.0 Generation. In: Ertelt/Röll (Hrsg.): Web 2.0. Jugend online als pädagogische Herausforderung. München.

Schorb, Bernd/Keilhauer, Jan/Würfel, Maren/Kießling, Matthias (2008): Medienkonvergenz Monitoring Report 2008: Jugendliche in konvergierenden Medienwelten. Leipzig.

Varela, Francisco J./Maturana, Humberto R. (1974): „Autopoiesis: The organization of living systems, its characterization and a model". In: *Biosystems*, Vol. 5/1974, S. 187–196.

Wagner, Ulrike (Hrsg.) (2008): Medienhandeln in Hauptschulmilieus - Mediale Interaktion und Produktion als Bildungsressource. München.

Wagner, Ulrike/Brüggen, Niels/Gebel, Christa (2009): Web 2.0 als Rahmen für Selbstdarstellung und Vernetzung Jugendlicher. 1. Teil der Studie „Das Internet als Rezeptions- und Präsentationsfläche". München.

Ibrahim Mazari, Matthias Flierl:

Gaming und soziale (Online-)Netzwerke

Medienkompetenzförderung am Beispiel der ESL und ihres Ehrenamt-Netzwerkes

eSport ist das Verständnis von Computerspielen als Sportart. Als solche bietet eSport alle kompetenzfördernden Potentiale wie traditioneller Sport auch. Durch die Verzahnung mit den neuen Medien und der Ausbildung starker sozialer Netzwerke wie der Electronic Sports League bieten sich Anknüpfungspunkte für die medienpädagogische Arbeit. Das gilt insbesondere für die Gruppe der Spieladministrator(inn)en.

1 Erfolg von sozialen Online-Netzwerken

StudiVZ oder Facebook – soziale Online-Netzwerke im Internet sind in Zeiten des so genannten Web 2.0 „in". Die angesprochenen Beispiele ließen sich beinahe unendlich ergänzen und fast täglich kommen neue Angebote zu allen Interessensgebieten hinzu. Erste soziale Online-Netzwerke wie Geocities oder Tripod entstanden Mitte der 90er Jahre und erzeugten Interaktionen zwischen ihren Nutzer(inne)n mit Hilfe von Chats und der Veröffentlichung von privaten Websites. Mit technischen Innovationen, die die Interaktion zwischen den Usern erleichterten und ihnen viele Möglichkeiten gaben, sich darzustellen, sind soziale Online-Netzwerke ein wichtiger Bestandteil des Onlinelebens moderner Internetnutzer(innen) geworden. Besonders wichtig ist dabei der Aspekt, dass der User eigene Inhalte produzieren und in den sozialen Netzwerken nutzen kann. Grundgedanke eines sozialen Netzwerks ist der kommunikative Austausch zwischen Menschen, gerade mit gleichen Interessen. Die Auswahlmöglichkeiten werden hierbei durch die thematischen Rahmenbezüge bestimmt. StudiVZ richtet sich an Student(inn)en, SchülerVZ an Schüler(innen), Xing konzentriert sich auf die Verwaltung von Business-Kontakten und Flickr versammelt Fotografie-Interessierte.

Auch im Computer- und Videospielbereich vollzog sich die Entwicklung analog zu den bereits genannten sozialen Online-Netzwerken. In mehr oder minder großen dedizierten Online-Communities tauschen sich die Spieler mit anderen über spielspezifische Foren und Chats aus. Mit der zunehmenden Bedeutung von Onlinespielen wie „World of Warcraft" oder mehrspielerfähigen Versionen und Modifikationen von klassischen Einzelspielerspielen wie „Counter-Strike" verstärkte sich der Trend hin zu größeren Netzwerken von Spieler(inne)n, um qualifizierte Mit- und Gegenspieler(innen) zu finden, die den Spielspaß sicherstellten. Eines dieser Netzwerk-Portale ist die Electronic Sports League.

2 Social Gaming Networks

2.1 Soziales Netzwerk für eSportler

Die Electronic Sports League ist Europas größte Liga für professionelles Computerspielen und zählt derzeit über zwei Millionen registrierte Mitglieder, wovon eine Million deutsche Spieler(innen) sind. Die ESL ist eine Plattform für Interessenten des elektronischen Sports (eSport). Der Begriff eSport (Kurzform von „elektronischer Sport") bezeichnet das wettbewerbsorientierte Spielen von Computer- und Videospielen im Mehrspielermodus. Auch wenn das Spielen gegen den Computer reizvoll ist: Keine Spiel-KI (KI für „Künstliche Intelligenz") kommt an die Flexibilität und Spontaneität eines menschlichen Gegenübers heran - zumal Spiele mit KI-Gegner(innen) in der Regel so gestaltet sind, dass der oder die Spieler(in) den Computer besiegen kann. Menschliche Gegenspieler(innen) haben diese „Einschränkung" nicht. Vielmehr verfolgen sie das Ziel, sich nicht schlagen zu lassen. Mehrspielerspiele erfordern somit eine viel größere Beherrschung des Spiels und stellen eine größere Herausforderung für den oder die Spieler(in) dar. Daher versteht sich eSport als eigene Sportdisziplin, welche sowohl Spielkönnen (Hand-Auge-Koordination, Reaktionen) als auch taktisches Verständnis erfordert.

Die Wurzeln der eSport-Szene gehen zurück bis in die Mitte der 90er Jahre, als Netzwerktechnologien erschwinglich wurden und die ersten Computerspiele mit netzwerkkompatiblen Mehrspielermodi auf den Markt kamen. Die LAN-Party-Szene entstand. LAN steht hierbei für „Local Area Network" und bezeichnet lokal miteinander vernetzte Rechner. Computerspieler(innen) treffen sich im kleinen privaten Rahmen bis hin zu riesigen Massen-Events

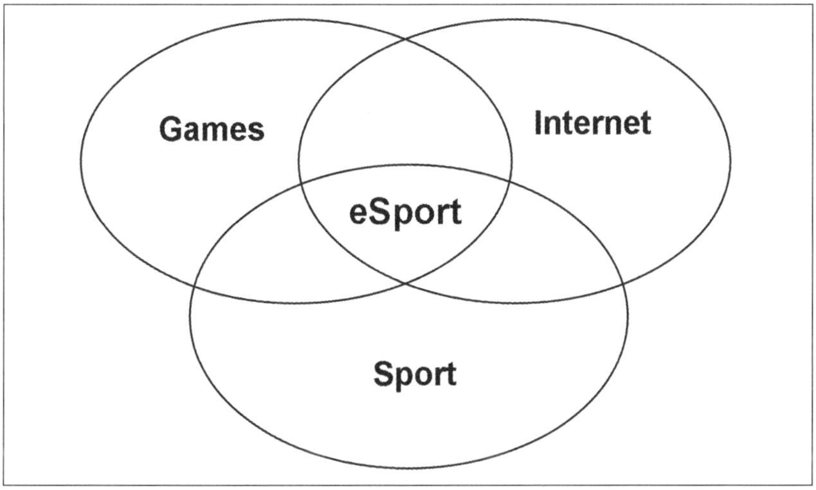

Bild 1: eSport als Verknüpfung von Sport mit Neuen Medien.

mit über 10.000 vernetzten Rechnern, um für ein Wochenende miteinander und gegeneinander Spiele im Netzwerk zu spielen. Auf größeren LAN-Partys werden in beliebten Spieldisziplinen Turniere veranstaltet, die oft mit Preisen wie Computerhardware dotiert sind. Neben dem Spaß- und Ereignischarakter solcher Veranstaltungen spielen die soziale und die sportliche Komponente dabei eine herausragende Rolle. LAN-Partys bieten eine gute Gelegenheit für Spieler(innen), sich real zu treffen und Kontakte mit anderen Spieler(inne)n aufzubauen. Ebenso werden solche Veranstaltungen zum Wissenstransfer genutzt. Daneben fördert die LAN-Party-Szene mit ihren preisdotierten Turnieren den sportlichen Aspekt. Leistungswillen und Spielkönnen der Spieler(innen) werden sichtbar honoriert und bieten auch soziale Anerkennung in der Peer-Group für gute Leistungen im Spiel. Die parallele Entwicklung und Verbreitung des Internets unterstützte die Kommunikation zwischen Spieler(inne)n und begünstigte die Ausbildung von Spielervereinigungen ähnlich herkömmlicher Sportvereine. Diese Spielervereinigungen werden „Clans" genannt, die soziale Gebilde mit eigenen Regelwerken und Hierarchien darstellen. Im Laufe der Zeit entstanden aus diesen frühen sozialen Strukturen der LAN-Kultur komplexe (Online-)Netzwerke wie professionelle Ligen und Community-Plattformen mit Millionen Anhänger(inne)n – zum Beispiel in der Electronic Sports League (kurz: ESL). Die ESL ist eine Weiterentwicklung der 1997 gegründeten Deutschen Clan Liga (DeCL), die seinerzeit für die deutsche Gaming-Community um den Egoshooter „Quake" (id software) entwickelt wurde. Mit der zunehmenden Popularität von Multiplayer-Gaming im Zuge der Internet- und Breitbandentwicklung wurde das Grundgerüst der DeCL ab dem Jahr 2000 für weitere Spieler-Communitys geöffnet und wichtige Schritte für den eSport in Deutschland unternommen. Mittlerweile besteht die ESL aus einem ausgefeilten internationalen Netzwerk von 3.500 verschiedenen Ligen, Turnieren, Eventserien und einer Online-Präsenz, die 200 Millionen Zugriffe monatlich verzeichnet. Mehr als 500.000 Teams sind in der ESL registriert und jeden Monat werden zirka 200.000 Matches ausgespielt.

2.2 Charakteristika der Electronic Sports League

Die ESL bietet eine Vielfalt von Funktionen an mit dem Ziel, die Kreativität ihrer Nutzer(innen) zu fördern und die Informationsweitergabe und Zusammenarbeit zu verbessern. Damit ist die ESL ein moderner Vertreter des Web 2.0[1], in dem sich Virtualität und Sozialität gegenseitig durchdringen. Kernfunktion der ESL ist das Ligensystem. Spieler(innen) tragen sich in eine oder mehrere Ranglisten, so genannte Ladders, ein. Dann können in den nach Leistung sortierten Ranglisten andere Spieler(innen) oder Teams herausgefordert werden. Die Website unterstützt den Dialog zwischen den Parteien zur Terminfindung und Durchführung des Matches, unter anderem durch automatisierte Tools wie dem „Matchmaker" (zur Termin- bzw. Partnerfindung) oder dem „Instant Challenger" (zur Echtzeit-Kommunikation). Danach tragen die Kontrahent(inn)en das Spielergebnis ein und die Website veröffentlicht (automatisiert) den Ausgang und die Neubewertung der Rangliste. Umrahmt und erweitert wird dieses Grundkonzept mit weiteren die Community fördernden Maßnahmen, wie zum Beispiel Offline-Events: Hier treten die weltbesten Spieler(innen) live vor Publikum auf. Daneben werden Preisgeldturniere organisiert.

Auf der Website finden sich Foren zum Wissensaustausch, internetbasierte TV-Sendungen und eine redaktionelle Begleitung durch Szene-News. Gleichzeitig stellt sich die Electronic Sports League als ein soziales Online-Netzwerk dar, in dem jedes Mitglied ein Profil von sich anlegt. Wie viele Informationen das Profil

Bild 2: eSport-Arena auf der Games Convention. Quelle: ESL/David Hiltscher.

enthält, liegt in den Händen des Nutzers. Neben Namen, Alter, Wohnort und Foto können die Profile sehr detailliert gestaltet werden. Von den Spezifikationen des eigenen Rechners, Infos über Hobbys, über Foto- und Videogalerien, einer Aufzählung der eigenen Spielesammlung und aktuelle Lieblingsspiele bis hin zu Auszeichnungen für besondere Errungenschaften in der ESL (z. B. 100 gespielte 1on1-Matches) und Team-Mitgliedschaften können die Mitglieder das eigene Profil ausschmücken. Ein internes Mailingsystem, Freundeslisten und Kommentarfunktionen unterstützten die Kommunikation zwischen den Mitgliedern. Die ESL ist damit nicht nur eine Spieleplattform, sondern auch eindeutig mit anderen Social Networks vergleichbar.

2.3 Vom Social Network zum Social Gaming Network

Gaming und eSport sind das thematische Handlungsfeld der Electronic Sports League und spielen dementsprechend eine bedeutende Rolle. Die Synthese der Kommunikation zwischen den Usern und den Werkzeugen, die die Website bietet, lassen eine Plattform wie die ESL als Social Gaming

Network bezeichnen. Spielen ist hier eine Angelegenheit mit stark ausgeprägtem Miteinander und Gegeneinander unter den Spieler(inne)n. Im Gegensatz zu so genannten Einzelspieler-Spielen – wie zum Beispiel Solitaire – in denen man nur gegen den Computer antritt, versteht der eSport Spielen von Mehrspieler-Spielen mit anderen als einen weiteren Weg der sozialen Interaktion. Damit bietet der eSport mit Social Gaming eine Erweiterung des bisher bekannten Social-Network-Begriffes.

2.4 Soziale Strukturen: Die Clans

Die Nutzer der eSport-Plattform ESL bedienen sich zahlreicher Features, um ihr Kontaktnetzwerk zu pflegen und auszubauen. Einen wichtigen Pfeiler der Community bilden die zahlreichen Spielerteams, im Szene-Jargon auch Clans genannt. Wie bereits angesprochen, sind Clans analog zu herkömmlichen Sportvereinen zu sehen und bieten eine vergleichbare Organisationsstruktur an: Es gibt eine Geschäftsführung bzw. einen Vereinsvorstand, welche(r) die Geschäfts- bzw. Handlungsfähigkeit des Clans sicherstellt. Er stellt eine Art Dachstruktur bereit. Darunter stehen in der Regel mehrere Squads (aus dem Englischen für Unterabteilungen bzw. Mannschaften), die sich mit einem bestimmten Spiel beschäftigen. In diesen Squads stehen den eigentlichen Spieler(inne)n, der oder die Team-Kapitän(in) als Leiter(in) und Trainer(in) sowie einer oder mehrere Mitglieder in Organisationsfunktionen vor. Die bekanntesten deutschen Clans heißen mousesports und Alternate aTTaX. Internationale Top-Clans sind z. B. SK Gaming und MeetYourMakers.

In den rechtlichen Organisationsformen unterscheiden sich viele Clans untereinander. Professionelle Clans sind entweder eingetragene Vereine oder auch GmbHs und Limiteds. Reine Fun-Clans, die die breite Masse des eSports bilden, sind in der Regel ohne rechtliche Organisationsform. Hier liegt möglicherweise ein Unterschied zum herkömmlichen Breitensport, der häufig vereinsförmig organisiert ist, also auf einer formellen Mitgliedschaft basiert. Dieser Unterschied verweist auch auf die Internetaffinität des eSports, die wohl nicht nur mediale Gründe hat, geht es doch um Computer- und Onlinespiele, sondern auch die Zugehörigkeit regeln muss, die über die sozialen Online-Netzwerke abgebildet werden kann. Ein weiterer Grund ist die lokale Verteilung der Clans: Während herkömmliche Sportvereine über eine starke räumliche Verankerung verfügen (und daher häufig Städtenamen im Titel führen), sind Clans teils international zusammengesetzt.

Clans unterscheiden sich in der internen Zielsetzung voneinander. Professionelle Clans oder „Pro-Gaming Clans", wie z. B. mousesports, sind darauf ausgerichtet, erfolgreich an Turnieren teilzunehmen und so durch Preisgelder finanzielle Gewinne zu erwirtschaften und Prestige aufzubauen, welches sich für Sportsponsoring vermarkten lässt. Profispieler(innen) und -teams trainieren regelmäßig miteinander und üben explizite Taktiken ein und schulen die interne Kommunikation zwischen den Spieler(inne)n. „Progamer" trainieren mehrmals wöchentlich für drei bis vier Stunden. Vor wichtigen Turnieren und Finalspielen veranstalten die Teams auch so genannte Bootcamps, d. h. Trainingslager, wo bis zu zehn Stunden am Tag trainiert konzentriert wird. Durch die starke Erfolgsausrichtung der Profiteams sind die Spieler(innen) zum regelmäßigen Training verpflichtet. Profispieler(innen) sind per Vertrag an ihren Clan gebunden und beziehen in der Regel auch einige hundert Euro Gehalt im Monat. Demgegenüber steht die breite Masse so genannter Fun-Clans, für die vor allem das soziale Miteinander und der kommunikative Informationsaustausch im Vordergrund stehen. Festes Training findet selten statt, wenngleich die Teammitglieder regelmäßig miteinander spielen und so die sozialen Kontaktbeziehungen festigen. Zudem legen sich diese Clans nicht dauerhaft auf bestimmte Spiele fest. Hier werden oft verschiedene Spiele gespielt und der Clan folgt aktuellen Trends bzw. spielt, was gerade „in" ist.[2]

Spieler(innen)gruppen lassen sich innerhalb des eSports aber auch hinsichtlich der präferierten Spielgenres unterscheiden. Besonders populär in der Szene sind Shooter-Spiele. Teams mit diesem Fokus sind mit Mannschaftssportarten vergleichbar. Shooter werden in der Regel im Team gespielt und erfordern eine hohe kommunikative Leistung der Spieler(innen) während des Spiels, um das eigene Vorgehen mit dem Team abzustimmen und an die Taktik des gegnerischen Teams anzupassen. In Sport- und Strategiespielen herrschen dagegen in der Regel „Einer-gegen-einen"-Matches vor. Teams, die sich diesen Genres widmen, zeichnen sich durch einen hohen Leistungswillen aus und nutzen die Zugehörigkeit zum Team vor allem zum strukturierten Training. Da hier der Fokus auf Einzelspieler(innen) liegt, ist die Kommunikation eher auf den Sozialraum der Gruppe als auf das Spielgeschehen konzentriert.

Trotz der hohen Internetaffinität der eSportler und Clans findet das soziale Leben der Gaming Netzwerke nicht ausschließlich in den Onlinewelten des Internets statt, also in den sozialen Online-Netzwerken. Regelmäßige Veranstaltungen, wie z. B. LAN-Partys oder große eSport-Turniere – wie die ESL Pro Series oder World Cyber Games – bieten Profi- wie Amateur-Spieler(inne)n oft die Gelegenheit, sich mit Clankolleg(inn)en und Bekannten real zu treffen oder das eigene Kontaktnetzwerk auszubauen. So schlägt die eSport-Szene die Brücke zwischen on- und offline und schafft beständige, über die kurzfristige und unverbindliche „Freundschaft" im Internet weit hinausreichende soziale Strukturen, die für die Nutzer(innen) wichtig und identitätsstiftend sind.[3]

2.5 Starke soziale Bindung durch redaktionelle Inhalte und Community-Werkzeuge

Eine entscheidende Aufgabe von Betreibern von „Social Gaming Networks" ist die Begleitung von gemeinschaftsbildenden Maßnahmen. Hierzu gehören – neben der Kernfunktion der Vermittlung von Spielerkontakten zum gemeinschaftlichen Spielen – auch die redaktionelle Begleitung der Community-Aktivitäten. So unterhält die Electronic Sports League eine eigene Redaktion, die das tägliche eSport-Geschehen der Plattform mit Ergebnisberichten, Ankündigungen und Fotogalerien begleitet, und einen eigenen internetbasierten TV-Sender, der täglich von den Profi-Turnieren mit Live-Übertragungen der Begegnungen berichtet. Zum anderen hat sich eine eigene Szenepresse entwickelt, die über die täglichen Entwicklungen der deutschen und internationalen eSport-Szene berichtet. Zu den bekanntesten journalistischen Szenetiteln in Deutschland gehören readmore.de und fragster.de. Besonders bemerkenswert ist, dass es sich bei den Redakteur(inn)en in der Regel selbst um zumeist ehemalige Spieler(innen) handelt, die als Jugendliche erste journalistische Erfahrungen sammeln (wollen) und eine entsprechende Karriere in den Medien anstreben. Einige können bereits ihren Lebensunterhalt als eSport-Fachjournalist(inn)en bestreiten. Die Entwicklung des Szenejournalismus zeigt, dass eSportler sich konstruktiv mit dem Thema eSport auseinandersetzen und versuchen, sich dem Computerspielen aus einer journalistischen Perspektive zu nähern.[4]

2.6 Soziale Strukturen: User-Engagement und Ehrenamt

Der eSport ist eine jugendkulturell geprägte Sphäre mit mehr oder weniger tradierten Werten und Verhaltensnormen, die sich in ausdifferenzierten Regelwerken und in einem stark ausgeprägten ehrenamtlichen Engagement zeigt. Damit die Ligen funktionieren, arbeiten die Betreiber für jedes Spiel umfangreiche Regelwerke aus, um einen möglichst fairen und reibungslosen Wettbewerb sicherzustellen. Die Spieler(innen) lernen diese Regeln und Normen zu akzeptieren – es geht um sportliches „fair play". Um den regulären Betrieb zu sichern, unterhält die ESL ein umfangreiches Schiedsrichter- und Administrationssystem mit über 1.000 ehrenamtlichen Helfer(inne)n, den so genannten Admins. Sie sind allesamt aktive Spieler(innen) sowie Szene- und Spielekenner, die Spielbereiche und Ligen betreuen. Sie fungieren als Schlichter in Streitfragen und auch als Wächter für die Einhaltung des Regelwerkes. Sie organisieren in ihrem Betreuungsbereich kleinere Cups und Wettbewerbe und kümmern sich um die Wünsche und Anforderungen ihrer Sub-Community. Als von der Community anerkannte Expert(inn)en bestimmen die Admins den Spielbetrieb und damit die Nutzung der Spiele. Admins begreifen sich als Elite der eSport-Szene mit Vorbildcharakter.

Neue Admins zur Verstärkung bestehender oder zum Aufbau neuer Bereiche rekrutiert die ESL aus der aktiven Spielerschaft. Dazu können sich Spieler(innen) initiativ oder nach Aufrufen über ein Onlineformular bewerben, welches neben persönlichen Informationen besonders die Kompetenzen und Motive des Bewerbers abfragt. Die zuständigen Admins prüfen und beraten über die Bewerbungen und entscheiden über die Aufnahme des Kandidaten. Neue Admins beginnen ihr Ehrenamt zunächst als „Trial Admin", quasi mit Probezeit und eingeschränkten Aufgaben und Rechten. Ähnlich wie Clans verfügen auch Admins über einen Verhaltenskodex, der besonders auf die Vorbildfunktion der Admins abgestimmt ist. So soll es selbstverständlich sein, dass Admins unparteiisch bleiben und Anfragen und Proteste, die mit ihnen persönlich oder mit Freunden und Bekannten zu tun haben, nicht von ihnen bearbeitet werden. Probleme sollen, wenn möglich, nicht mit Strafen, wie zeitlich begrenzten Sperren, bedacht werden, sondern konstruktiv mit den Spieler(inne)n gemeinsam gelöst werden. Als Vorbilder dürfen Admins keinesfalls ihre Position ausnützen oder selbst bei schwerwiegenden Regelverstößen wie „Cheating"[5] im Spiel auffällig werden.

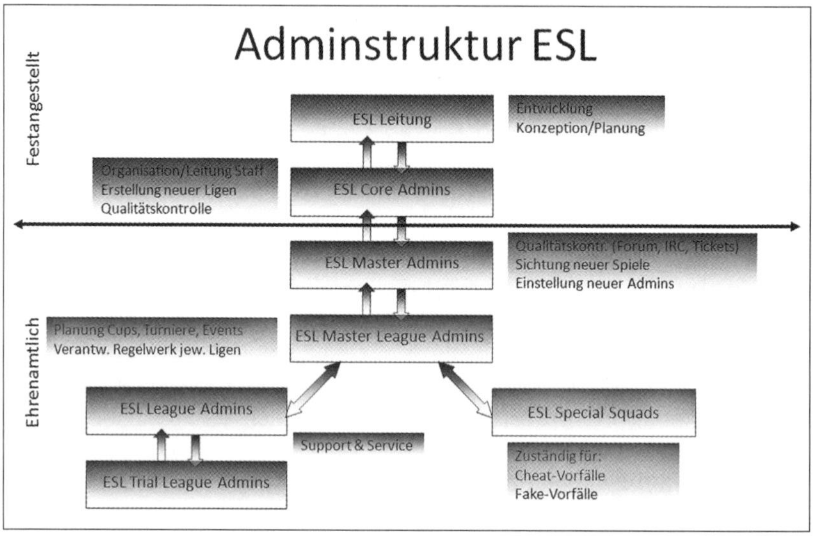

Bild 3: Adminstruktur ESL.

Das Adminsystem verfügt über eine Hierarchie, die die Entscheidungsgewalten, Aufgaben und Rechte regelt. So stehen Master-League-Admins den einzelnen Spielsektionen vor. Diese Master-League-Admins sind verantwortlich für die Entwicklung und das Angebot an Ligen und Turnieren in ihrem jeweiligen Spiel. Darüber stehen Master-Admins, welche als Ansprechpartner für die einzelnen Master-League-Admins dienen. Ihre Aufgabe liegt vor allem im Qualitätsmanagement und in der Einstellung neuer Admins. Zudem bilden sie die Brücke zu den beim Ligenbetreiber fest angestellten Core-Admins. Diese sind das höchste Entscheidungsgremium für den laufenden Ligenbetrieb. Das Adminsystem bietet somit Aufstiegsmöglichkeiten, an deren Ende eine bezahlte angestellte Tätigkeit stehen kann.

Die Admins sind ein wichtiger Pfeiler des eSports. Sie sind zuständig für die Einhaltung und Anwendung des Regelwerks und erarbeiten dieses entsprechend gegebener Erfordernisse (weiter). Das Adminsystem ist unter den eSportlern allgemein anerkannt. Ihnen kommt daher eine wichtige Rolle innerhalb der Community zu und beweist den selbstregulierenden Charakter der eSport-Szene. Die Admins tragen hohe Verantwortung, sie wirken „erzieherisch", da sie Regelverstöße ahnden, indem sie etwa Strafpunkte vergeben für Beleidigungen oder mehrjährige Sperren für Betrügereien aussprechen. Sie sorgen aber auch dafür, dass denjenigen, die des Betrugs überführt wurden, ein regelkonformes Verhalten nachhaltig vermittelt wird, um diese wieder am Ligenbetrieb teilnehmen lassen zu können.

Aufgrund ihrer großen Bedeutung empfinden sich die Admins als eigene soziale Gruppe innerhalb des eSports. Zum einen unterhält die ESL einen eigenen, nur für Admins zugänglichen Bereich, aber auch öffentlich sichtbare Teams innerhalb des Social-Network-Bereichs der ESL. Regelmäßig werden große Veranstaltungen wie Saison-Finals genutzt, um sich mit anderen Admins zu treffen oder eigene Admin-LAN-Partys organisiert. Daraus resultiert eine hohe ideelle Identifikation mit der ESL, welche sich in hoher ehrenamtlicher Arbeitsmotivation auszeichnet, die mehrere Stunden am Tag einnehmen kann. Admins sind Multiplikator(inn)en und bieten in ihrer Kontrollfunktion (als „Wächter“ und Schiedsrichter) einer sich selbst regulierenden Community möglicherweise Ansätze für Formen medienpädagogischer Arbeit – eine neue Zielgruppe für die Förderung von Medienkompetenz?

3 Potenziale der Medienkompetenz im Social Gaming Network eSport

Die Darstellung der eSports-Szene als Teilbereich des Online-Gamings am Beispiel der Electronic Sports League zeigt eine starke Ausrichtung auf den sportlichen Charakter von Spielen und damit auch auf die Entwicklung einer bedeutenden sozialen Gruppe unter den Onlinespielern. Social Gaming Networks im Besonderen und eSport im Allgemeinen vermitteln den Akteur(inn)en eine Reihe an Kompetenzen. So fördern Spiele zum Beispiel räumliches Orientierungsvermögen, Gedächtnisfähigkeit und Problemlösungskompetenzen.

Der sportliche Aspekt des eSports unterstützt die Ausbildung emotionaler Kompetenzen wie Gefühlsmanagement, Stressresistenz, Selbstdisziplin, Erfolgsmotivation und Ausdauer. Clans leisten hier vielleicht das, was herkömmliche Sportvereine auch leisten: Sie vermitteln Werte, erziehen zu Team-, Kommunikations- und Organisationsfähigkeit. Im Falle von Profi-Clans lernen Spieler(innen) durch Reisen zu internationalen Turnieren auch andere Kulturen kennen.

Die emotionalen Spielanforderungen können erheblich sein, stehen sie doch in engem Zusammenhang mit der Selbsteinschätzung der Spieler und ihrer Leistungsbereitschaft. Bei einer optimalen Balance zwischen Selbsteinschätzung und Leistungsbereitschaft ist die emotionale Gratifikation am größten.

Der soziale Aspekt schult Kooperationsfähigkeit, Hilfsbereitschaft und Empathie für die Mitspieler(innen). Viele Spiele sind auf gemeinsames Spielen ausgelegt und erfordern eine erfolgreiche Orientierung zwischen Wettbewerb und Hilfsbereitschaft. Diese soziale Komponente steigert die emotionale Gratifikation und trägt somit erheblich zur Spielmotivation bei.

Da Online-Gaming mit Hilfe von Medien geschieht, bieten sich auch Möglichkeiten zur Förderung der Medienkompetenz. eSportler(innen) beschäftigen sich intensiv mit Spielen und den sozialen Netzwerken, die sich um das Thema Online Games entwickelt haben. eSportler(innen) besitzen ein weitreichendes, technisches Wissen über die Möglichkeiten der neuen Medien. Dennoch stellt sich die Frage, ob sie mit diesem Wissen kompetent umgehen können. Unserer Ansicht nach handelt es sich auf der einen Seite um Prozesse der Selbstsozialisation, in dem sich gute und schlechte Erfahrungen abwechseln. Auf der anderen Seite sorgt die Einbettung der neuen Medien im Kontext des sportlichen Wettkampfes durch usergenerierte Regelwerke in den sozialen Netzwerken wie Ligen oder Clans für allgemein akzeptierte Normen, die auf den gemachten Erfahrungen basieren. Profispieler(innen) und Admins als positive Rollenvorbilder verstärken diese Wirkungen und haben erzieherische Bedeutung. Hier gilt es anzuknüpfen.

Diese Prozesse bieten keinen vollständigen Schutz, so dass Projekte zur Förderung von Medienkompetenz in den Social Gaming Networks sinnvoll sind. Das Thema Datenschutz ist ein vielzitiertes Problem in sozialen Online-Netzwerken. Kinder und Jugendliche stellen oft zu freizügig Informationen in ihren Profilen ins Netz, die auch gegen sie verwendet werden können. Hier ließen sich in Zusammenarbeit mit Portalen wie der ESL entsprechende

Aufklärungsprojekte umsetzen. Admins lassen sich als authentische Multiplikator(inn)en nutzen, um die User zu sensibilisieren, auch und gerade für den Umgang mit problematischen Inhalten in Spielen und der exzessiven Nutzung von Spielen.

Die ESL engagiert sich bereits regelmäßig in Medienkompetenzprojekten angesehener Träger des Jugendschutzes wie der Bundeszentrale für politische Bildung. Im Rahmen der eSport-Veranstaltungen „Intel Friday Night Games" finden auf der einen Seite Diskussionsveranstaltungen zwischen Jugendlichen und Jugendschutzexpert(inn)en statt, auf der anderen Seite Eltern-LANs, in denen Eltern und Lehrer(innen) mit professioneller, pädagogischer Begleitung die Lebenswelten der Gamer in eigener Anschauung und durch aktives Spielen erleben und erfahren können – aktive Medienkompetenzförderung.

Anmerkungen

1 Web 2.0 bezeichnet einen veränderten Umgang der Nutzer(innen) mit dem Internet und seinen Anwendungen sowie neuartige Techniken und Geschäftsmodelle. Siehe hierzu vertiefend „Im Blickpunkt: Web 2.0", hg. v. ecmc im Auftrag der Staatskanzlei NRW (2008), online verfügbar unter: http://www.media.nrw.de/imblickpunkt/themen/web2.0/02_web20.php (Zugriff 08.10.2009).

2 Zur Verdeutlichung: Die Kontinuität findet sich eher auf der Ebene der Squads; also der Mannschafts- oder Teamebene. Hier widmet man sich dauerhaft einem Spiel, während die Clans eher „spieloffen" sind.

3 Siehe hierzu vertiefend die bislang nur in einer Zusammenfassung veröffentlichte Studie der Hamburg Media School (2009): The Social Side of Gaming: eSports und der Aufbau von Sozialkapital. Hg. v. Leonard Reinecke und Sabine Trepte. Online verfügbar unter: http://www.hamburgmediaschool.com/download/medienmanagement/forschungsprojekte/ErgebniszusammenfassungESLStudie.pdf (Zugriff 08.10.2009).

4 Siehe hierzu kritisch den Beitrag von Tanja Adamus in diesem Band.

5 „Cheaten" bedeutet Betrug und ist häufig weit mehr als ein einfacher Regelverstoß. Im Vergleich zum klassischen Sport kann man von der digitalen Form des Dopings sprechen, weil dazu teils zusätzliche Programme zum Einsatz kommen, die Spielcharakteren überlegene Fähigkeiten verleihen (etwa die Fähigkeit, durch Wände sehen zu können o. Ä.).

Tanja Adamus: Medienkompetenzförderung durch E-Sport-Communitys?

Theoretische Annäherungen an Potenziale und Problematiken eines jugendkulturellen Phänomens

E-Sport hat sich von einem Großteil der Öffentlichkeit unbemerkt zu einem beachtenswerten Bestandteil der (digitalen) Jugendkultur entwickelt. Die in den Clans organisierten Akteur(innen) agieren in und mit vielfältigen Bestandteilen der Medienwelten und erwerben offensichtlich durch informelle Lernprozesse eine Vielzahl von Kompetenzen, insbesondere im medialen Bereich. Wie in diesem Beitrag aufgezeigt wird, übertreffen diese die vielfach angemahnten negativen Auswirkungen der intensiven Beschäftigung mit Computerspielen und gehören auch zu den Kernkompetenzen für das Leben und Arbeiten im digitalen Zeitalter. Eher kritisch zu betrachten sind die Möglichkeiten des gezielten Einflusses auf die Förderung von Medienkompetenz(en), die wohl nur schwerlich durch medienpädagogische Fachkräfte vorgenommen werden können, da diesen die Kenntnisse über die Szene und die Anerkennung und Akzeptanz seitens der Aktiven fehlen.

1 Vom gemeinsamen Spiel am Computer zum E-Sport

Computerspiele können als ein zentrales Element im Medienrepertoire Jugendlicher bezeichnet werden, wie aktuelle Studien zum Medienkonsum auch empirisch belegen (vgl. bspw. JIM 2008). Ähnlich wie andere mediale Angebote bieten auch die virtuellen Spielwelten den Ausgangspunkt für die Entstehung und Bildung von Gemeinschaften, die sich thematisch auf diese fokussieren und sich auf vielfältige Weise mit ihnen auseinandersetzen. In Anlehnung an Geisler kann dabei zwischen der Spieler-Szene an sich – als der großen Gemeinschaft aller, die Computerspiele besitzen und nutzen – und den einzelnen Spiele-Communitys, die sich in Bezug auf spezielle Spieletitel bilden, unterschieden werden (vgl. Geisler 2009, S. 146f.). Eine Sonderform dieser Spiele-Communitys stellen die Clans dar, die sich sowohl durch ihre inhaltliche Ausrichtung als auch durch den intensiveren Grad der in ihnen vorherrschenden sozialen Bindungen von den erstgenannten unterscheiden (vgl. Reinecke; Trepte 2009). Clans sind gleichzeitig eines der konstitutiven Elemente eines bisher von der Öffentlichkeit aber auch der Wissenschaft noch wenig beachteten Phänomens der digitalen Jugendkultur, welches als E-Sport nun doch zunehmend in den Fokus der Aufmerksamkeit gerät.[1]

E-Sport ist die Abkürzung für den englischsprachigen Begriff „electronic sport", wobei hierunter keinesfalls alle Sportarten verstanden werden, in denen elektronische Elemente für die Ausübung des Sports benötigt werden. Vielmehr bezieht sich E-Sport ausschließlich auf digitale Computerspiele: also die ausschließliche Ausübung der sportlichen Aktivitäten durch oder mit Hilfe von Computerspielen. Aktuell können zwei Definitionen des Begriffs ausgemacht werden, die einander zwar nicht in ihrer grundlegenden Aussage widersprechen, aber doch von ihren Implikationen her so unterschiedlich sind, dass sie voneinander abgrenzt werden sollten. Die innerhalb der E-Sport-Szene von den Akteur(inn)en häufig angeführte Definition von Jörg Müller-Lietzkow versteht unter dem Begriff „das wettbewerbsmäßige Spielen von Computerspielen im Einzel- oder Mehrspielermodus. E-Sport versteht sich entsprechend des klassischen Sportbegriffs und erfordert sowohl Spielkönnen (Hand-Auge-Koordination, Reaktionsschnelligkeit), als auch strategisches und taktisches Verständnis (Spielübersicht, Spielverständnis)" (Müller-Lietzkow 2006a, S. 30).[2] Demgegenüber steht das häufig als „weite Definition" bezeichnete Verständnis dieses Phänomens von Michael Wagner, der E-Sport als „an area of sport activities in which people develop and train mental or physical abilities in the use of information and communication technologies" (Wagner 2006a, S. 439) charakterisiert. Aus medienpädagogischer Sicht ist vor allem die letztgenannte Definition interessanter, verweist sie doch recht deutlich auf Aspekte, die im weiteren Verlauf dieses Artikels diskutiert werden sollen, allerdings ohne den Begriff der Medienkompetenzförderung explizit zu benennen.

Entstanden ist E-Sport aus der zunehmenden Verbreitung von Mehrspielermodi in Computerspielen Ende der 1990er Jahre. In Europa und Amerika waren es Spiele wie DOOM und Quake, die es ermöglichten, nicht mehr nur gegen computergesteuerte Gegner zu spielen, sondern sich mit menschlichen Kontrahenten zunächst über lokale Netzwerke und später auch über das Internet zu messen. Seine größte Popularität verzeichnet der E-Sport allerdings in Asien, vor allem in Südkorea. Ob dieser Unterschied darauf zurückzuführen ist, dass hier im Gegensatz zu den Ego-Shooter in Europa und Amerika Strategiespiele wie Starcraft und Warcraft die beliebtesten Disziplinen sind und waren, kann vor dem Hintergrund des aktuellen Forschungsstandes nur als – allerdings nicht unplausible – Vermutung bezeichnet werden (vgl. ausführlich zu der unterschiedlichen historischen Entwicklung Wagner 2006b, S. 45ff.).

Obwohl E-Sport prinzipiell mit jedem Computerspiel vorstellbar ist, das über einen Mehrspielermodus verfügt, haben sich einzelne Genre als besonders beliebt herauskristallisiert. Hierzu gehören, neben den bereits erwähnten Shooter- und Strategiespielen, vor allem Titel aus den Bereichen Sport- und Rennspiele, aber auch Onlinerollenspiele und Casual Games.[3]

Wie in anderen Sportarten auch, organisieren sich die Akteure im E-Sport in Gemeinschaften bzw. Teams, die hier als die bereits oben erwähnten Clans[4] bezeichnet werden. Von den zumeist jugendlichen Akteur(inn)en selbst organisiert, entstehen hier Spielergemeinschaften, die entweder als „fun"- oder „pro gamer"-Clans in einer oder mehreren Disziplinen an Wettbewerben und Ligen teilnehmen, miteinander trainieren, eigene Homepages und Gameserver betreiben etc. (eine fundierte und ausführliche Darstellung der Strukturen und Charakteristika von Clans findet sich bei Geisler 2009).

Die große Bedeutung des Mediums Computerspiel, aber auch der technischen und kommunikativen Aspekte der neuen Medien, deutet sich an dieser Stelle bereits an. Es erscheint zweifelhaft, dass alle Mitglieder von E-Sport-Clans bereits vor ihrer Mitgliedschaft in der Szene über die hierfür nötigen Fähigkeiten und Kompetenzen verfügten; vielmehr kann davon ausgegangen werden, dass sie diese erst durch ihre Aktivitäten in E-Sport-Communitys erworben haben.

2 Medienkompetenz in konvergenten Medienwelten

Die Diskussion um Medienkompetenz, ihre Dimensionen, empirische Überprüfbarkeit und die Entwicklung gezielter Maßnahmen zu ihrer Förderung nimmt in der Medienpädagogik seit Anfang der 1990er Jahre und der zunehmenden Verbreitung der neuen Medien einen zentralen Stellenwert ein (vgl. Hugger 2008,

S. 93). Mittlerweile liegt eine große Anzahl an Definitionen und Modellen dessen vor, was unter diesem Begriff zu subsumieren sei.[5] Für die Ausführungen in diesem Artikel soll jedoch auf das Modell von Jenkins et al. (2006) zurückgegriffen werden, welches im deutschsprachigen Raum bisher kaum rezipiert worden ist, jedoch nach Meinung der Verfasserin gerade im Hinblick auf die aktuellen Entwicklungen im Medienbereich (Web 2.0, partizipative Medien und konvergente Medienwelten) diese am deutlichsten aufgegriffen und integriert hat.

Jenkins et al. (2006) differenzieren zwischen insgesamt elf Kompetenzen, die für den Umgang mit den neuen, partizipativen Medien erworben werden müssen bzw. durch diese erworben werden können. Hierzu gehören[6]:

- „Experimentelles Spiel“ beschreibt die Fähigkeit, sich spielerisch mit Problemen auseinanderzusetzen und mit Strategien zur Lösung zu experimentieren (vgl. Jenkins et al. 2006, S. 22ff.);
- „Spiel mit Identitäten“ bezeichnet die Fähigkeit, sich in andere und alternative Identitäten und Rollen hineinversetzen zu können und diese auszuprobieren (vgl. Jenkins et al. 2006, S. 28ff.);
- „Modellbildung und Simulation“ beschreibt die Fähigkeit zum Umgang mit komplexen Systemen und Modellen, worunter sowohl die eigene Konstruktion als auch die analytische Auseinandersetzung fällt (vgl. Jenkins et al. 2006, S. 25 ff.);
- „Wiederverwendung von Inhalten“ bezeichnet die Fähigkeit, sich kreativ mit Medieninhalten auseinanderzusetzen und sie für eigene (mediale) Produkte wieder- und/oder weiterzuverwenden (vgl. Jenkins et al. 2006, S. 32ff.);
- „Adaptives Multitasking“ beschreibt die Fähigkeit, den Fokus der eigenen Aufmerksamkeit zwischen der globalen Umgebung und kontextuell bedeutsamen Einzelaspekten bei Bedarf wechseln zu können (vgl. Jenkins et al. 2006, S. 34ff.);
- „Verteilte Wahrnehmung“ bezeichnet die Fähigkeit, sich technische Elemente und Geräte so zunutze zu machen, dass sie zur Erweiterung und Verbesserung der eigenen, bereits vorhandenen Fähigkeiten beitragen (vgl. Jenkins et al. 2006, S. 37ff.);

- „Kollektive Intelligenz" beschreibt die Fähigkeit, gemeinsam mit anderen Wissen zu entwickeln und zu nutzen, um somit gemeinschaftlich ein Ziel zu erreichen (vgl. Jenkins et al. 2006, S. 39ff.);
- „Bewertung von Medieninhalten" bezeichnet die Fähigkeit, Medieninhalte bezüglich ihrer Glaubwürdigkeit und vor einem ethischen Hintergrund auf ihre Vertretbarkeit beurteilen zu können (vgl. Jenkins et al. 2006, S. 43ff.);
- „Transmediale Navigation" beschreibt die Fähigkeit, Erzählungen und Handlungsstränge in und über unterschiedliche mediale Systeme hinweg verfolgen zu können (vgl. Jenkins et al. 2006, S. 46ff.);
- „Informationsvernetzung" bezeichnet die Fähigkeit, Informationen nicht nur über Netzwerke zu suchen und somit das eigene Wissen zu erweitern, sondern auch eigene Erkenntnisse zu transportieren (vgl. Jenkins et al. 2006, S. 49ff.);
- „Umgang mit alternativen Normen" beschreibt die Fähigkeit, verschiedene gesellschaftliche Systeme und ihre Normen zu verstehen sowie sich diesen anpassen zu können (vgl. Jenkins et al. 2006, S. 52ff.).

3 Potenziale von E-Sport-Communitys für die Medienkompetenzförderung

Unter Bezugnahme vor allem auf die grundlegenden theoretischen Arbeiten von James Paul Gee und Marc Prensky (vgl. Gee 2007 bzw. Prensky 2007) findet sich in der aktuellen Diskussion um Computerspiele mit den Stichworten „Game Based Learning" und „Serious Games" auch ein immer stärkerer Fokus hin zum Lern- und Bildungspotenzial der virtuellen Spielewelten. Der Begriff der Kompetenzförderung ist hingegen schon deutlich seltener in diesem Zusammenhang anzutreffen, dennoch liegt mit der ausführlichen Studie von Gebel, Gurt und Wagner (2005) ein empirisch fundiertes Modell zur Analyse kommerzieller Computerspiele auf ihre entsprechenden Potenziale vor, welches allerdings den Aspekt der Medienkompetenz außer Acht lässt und sich auch nur auf Computerspiele im Solo-Spieler-Modus beschränkt.

Aktuell findet sich mit einer Arbeit von Markus Breuer ein erster Versuch der theoretischen Annäherung der Themenbereiche E-Sport und Medienkompetenz, hier vor dem Hintergrund des Modells von Dieter Baacke. Herausgestellt werden vor allem die Aspekte Medienkunde und Mediennutzung als Bereiche, die durch Aktivitäten in der E-Sport-Szene gefördert werden können (vgl. Breuer 2009, S. 60f.). Naheliegende inhaltliche Aspekte in diesem Kontext sind der Erwerb von Kenntnissen im Umgang mit Hard- und Software, etwa durch die Wartung und Aufrüstung der eigenen technischen Ausstattung. Im Bereich Software darf sicher nicht nur von einer Beschränkung auf Computerspiele ausgegangen werden: Auch der Umgang mit verschiedenen Kommunikationstools sowie Programmen zur Erstellung von Homepages, Kenntnisse bezüglich der Wartung eigener Spieleserver und Wissen über Rechnernetzwerke gehören zu den Fertigkeiten, die in E-Sport-Communitys erworben werden können (vgl. Vogelgesang 2003, S. 68f sowie Geisler 2009, S. 149ff.).

Jedoch erscheint eine Fokussierung nur auf die oben angesprochenen Bereiche als zu eingeschränkt. Daher soll in diesem Artikel mit Rückgriff auf das oben dargestellte Modell von Jenkins et al. ein Vorschlag zur Erweiterung und Systematisierung der medienkompetenzförderlichen Potenziale gemacht werden. Betrachtet man die Elemente des Medienkompetenzmodells von Jenkins et al. im Bezug zu E-Sport-Communitys, so können diese in drei Kategorien unterteilt werden:

- Fähigkeiten, die durch die Beschäftigung mit den Spielen selbst erworben werden können:
  - „Experimentelles Spiel“ kann als die typische Strategie zum Lösen von Problemen und zum Erwerb von Wissen in Computerspielen bezeichnet werden. Gleichzeitig wird der Umgang mit Fehlern und Misserfolgen sowohl im Spiel als auch im Wettbewerb erlernt. E-Sport ist hier mit anderen Sportarten vergleichbar.
  - „Modellbildung und Simulation“ steht für eine Fähigkeit, die vor allem im Genre der Strategiespiele zum Tragen kommt, da hier vor allem das Denken in Modellen und komplexen Systemen für den Spielerfolg entscheidend ist. Gleichzeitig gehört auch der Umgang mit abstrakten Darstellungen wie Tabellen und Karten zu dieser Fähigkeit und wird ebenfalls in Strategiespielen aber auch in vielen Shootern erlernt.
  - „Adaptives Multitasking“ bezeichnet ebenfalls eine Fähigkeit, die in Strategiespielen besonders zum Tragen kommt, aber auch in

den taktischen Multiplayer-Shootern, da ein schnelles und häufiges Wechseln der Aufmerksamkeit von einzelnen kleinen Spielelementen und Vorgängen („Micro“) hin zu den größeren Zusammenhängen und Abläufen/Taktiken im Spiel („Macro“) besonders wichtig ist.

- „Verteilte Wahrnehmung“ beschreibt im Kontext von E-Sport die Nutzbarmachung von Hard- und Software-Elementen zur Verbesserung der eigenen Leistung – allerdings nur im Rahmen des Erlaubten (kein Cheating), sowie den Umgang mit Kommunikationstools im Kontext des Spielens selbst und als Metakommunikation über Matches und Aktivitäten.
- „Spiel mit Identitäten“ ist spielimmanent vor allem in den wenigen im E-Sport praktizierten Rollenspielen anzutreffen und ist – zwar weniger, aber tendenziell auch – vorhanden in den unterschiedlichen Rollen in Teams bei Multiplayermodi.
- „Kollektive Intelligenz“ findet sich vor allem in den Spielen, die in einem Teammodus (vornehmlich Shooter, aber auch bestimmte Varianten von Strategiespielen) gespielt werden, da hier nur ein kollektives Vorgehen und der schnelle und effektive Wissensaustausch zum Erfolg führen.

• Fähigkeiten, die durch die Beteiligung und Mitgliedschaft in Clans und Communitys erworben werden können:
  - „Wiederverwendung von Inhalten“ zeigt sich im Erstellen von Videos mit Inhalten aus Computerspielen bzw. Matches zur Selbstdarstellung der Spieler oder Clans (vgl. Geisler 2009, S. 218ff.)
  - „Informationsvernetzung“ kann im Sinne der Kenntnis und Nutzung der szeneinternen Websites von Clans und Newsportalen, Partizipation an der Verbreitung von Informationen durch eigene Websites (alle Clans), sowie dem Verfassen eigener Artikel, Kommentare oder Beiträge in Foren verstanden werden.
  - Den „Umgang mit alternativen Normen“ zu erlernen, ist durch die sehr gute internationale Vernetzung des E-Sports möglich. So können die Akteure mit anderen Interessierten und Aktiven in der ganzen Welt kommunizieren oder gegen diese ein Match bestreiten. Insbesondere Profispieler reisen häufig zu internationalen Wettkämpfen und lernen dabei andere Länder und Kulturen kennen.

- „Spiel mit Identitäten" ist neben den bereits oben angesprochenen spielimmanenten Aspekten auch in diesem Zusammenhang von Bedeutung. Schließlich nehmen die Akteure auch in den Clans und Communitys unterschiedliche Rollen (Trainer, Organisator, Redakteur der eigenen Homepage) an und lernen so in unterschiedlichen Rollen zu agieren.
- Der Aspekt „Kollektive Intelligenz" wird auch durch die Nutzung von szeneinternen Websites und Foren, um die eigene spielerische Leistung zu verbessern, dem Verfassen eigener Beiträge zu Taktiken, der Veröffentlichung von Replays[7] eigener Spiele sowie der Nutzung derjenigen anderer Akteure abseits der rein spielimmanenten Betrachtungsweise relevant.
- „Bewertung von Medieninhalten" wird nur in einem begrenzten Maße in E-Sport-Communitys erlernt. So wird ein Großteil der Berichterstattung über E-Sport von den jugendlichen Akteuren selbst betrieben, wodurch sie Wissen über die Entstehung von Medieninhalten erwerben und diese vor diesem Hintergrund schließlich bewerten können. Spieler lernen auch den Umgang mit Medien durch Interviews und Berichterstattung über ihre eigenen Leistungen (hierunter fällt auch der Umgang mit nicht immer ausschließlich positiver und zurückhaltender Berichterstattung).

• Fähigkeiten, die durch Aktivitäten im Zusammenhang mit E-Sport nicht erworben werden können:
  - Der Erwerb von Fähigkeiten, die zu dem Aspekt „Transmediale Navigation" gehören, ist im Zusammenhang mit E-Sport und den zugehörigen Communitys nicht zu erkennen. Die Berichterstattung über Wettbewerbe und Matches soll hier nicht als transmedial verstanden werden.
  - Kompetenzen im Bezug auf die „Bewertung von Medieninhalten" sind insbesondere mit Blick auf die Spieleinhalte nur schwer zu erkennen: Hier herrscht doch weitestgehend eine unkritische Haltung vor und es finden sich auch kaum Hinweise in den Communitys, dieser Einstellung entgegenzuwirken.

Die beiden oben mit Bezug auf Breuer (2009) dargestellten Elemente Medienkunde und Mediennutzung sind sowohl als Fähigkeiten, die durch die Beschäftigung mit den Spielen an sich, als auch als solche, die durch die Mitgliedschaft und Aktivität in Clans und Communitys gefördert werden können, zu bezeichnen.

4 Umgang mit Gewalt und Suchtproblematik: Problematische Aspekte von E-Sport-Communitys?

Es gibt neben dem förderlichen Potenzial, welches in E-Sport-Communitys zu ermitteln ist, aber auch Aspekte, die einer kritischen Betrachtung bedürfen. In Übereinstimmung mit der Darstellung von Breuer können dabei die Aspekte der Gewaltdarstellung in vielen der sich aktuell auf dem Markt befindlichen Computerspielen und deren Auswirkungen auf das Verhalten der Spieler(innen) außerhalb der virtuellen Welten sowie die Diskussion um die Existenz und Diagnostik einer Computer- und/oder Onlinesucht als die Hauptkritikpunkte benannt werden (vgl. Breuer 2009, S. 61).

Die Diskussion um die Wirkungen von Medieninhalten und insbesondere um gewalthaltige Darstellungen in Computerspielen hat mittlerweile eine kaum mehr zu überblickende Anzahl von Studien produziert, jedoch ohne zu einem eindeutigen Ergebnis gekommen zu sein (vgl. bspw. Anderson und Dill 2000, Anderson und Bushman 2001, Anderson 2004, Kunczik und Zipfel 2004 sowie für die „Gegenseite“ Ladas 2002). In den Communitys selbst wird dieser Aspekt nur dann diskutiert, wenn er von außen herangetragen wird, wie sich etwa 2009 in Deutschland zeigte, als die Innenministerkonferenz einen Beschluss zur Forderung eines Verbots so genannter Killerspiele formulierte oder eine E-Sport-Veranstaltung in Karlsruhe abgesagt werden musste, weil die örtlichen Behörden keine öffentliche Darstellung von Counter-Strike-Matches nach dem Amoklauf von Winnenden dulden wollten.

In der Szene wird die Gewalt in den Spielen als funktionales Element zum Erreichen des Spielziels wahrgenommen und nicht mit inhaltlichen Wertungen versehen. Das Töten einer Spielfigur hat nur eine temporäre und funktionale Bedeutung (vgl. Stoll 2009, S. 104) und wird von den Spieler(inne)n anders wahrgenommen bzw. interpretiert als von Beobachtern eines Spiels (vgl. Stoll 2009, S. 12). Es gibt jedoch einen großen Unterschied zwischen der Gewaltdarstellung in den virtuellen Spielwelten und aggressivem Verhalten in der Realität, welches von den Communitys nicht geduldet und umgehend sanktioniert wird. So werden Spieler, die im Rahmen von Wettbewerben durch entsprechendes Benehmen auffallen, mit Strafen wie Sperren belegt oder je nach Häufigkeit und Schwere des Vergehens aus dem Clan ausgeschlossen.

In der Diskussion um Gewalt und Aggression häufig vernachlässigt, aber gerade mit Blick auf E-Sport-Communitys von weitaus größerem Interesse, ist der Aspekt von verbal-aggressivem Verhalten, wie Beleidigungen der Gegner vor, während und nach Matches oder entsprechende Äußerungen in Kommentaren und Foren auf den szeneinternen Websites. Vor allem die großen E-Sport-Ligen, wie z. B. die ESL, dulden solche Verhaltensweisen bei den Spieler(inne)n nicht und sanktionieren in Form von Strafpunkten[8] und/oder Sperren (vgl. Lammers 2009). Leider ist diese Konsequenz noch eher die Ausnahme in der Szene und insbesondere in Forenbeiträgen und Kommentaren auf Newsportalen wird gegen solche Verhaltensweisen meist nicht vorgegangen – hier sollte über entsprechende Interventionen nachgedacht werden.

Der große zeitliche Umfang, den die Beschäftigung mit Computerspielen vor allem bei den aktiven Spieler(inne)n einnimmt, bietet einen Ansatzpunkt für die zweite Problematik, die hier im Zusammenhang mit den Problematiken von E-Sport-Communitys diskutiert werden soll, nämlich die so genannte Online- oder Computerspielsucht. Hier ist zunächst deutlich zu machen, dass allein der zeitliche Aspekt kein hinreichendes Kriterium ist, um von einer Sucht zu sprechen, sondern noch weitere Indikatoren von Belang sind (vgl. Gentile 2009, S. 7).

Abgesehen davon, dass die Diskussion um die Existenz und Diagnostik von Computerspielsucht immer noch sehr kontrovers geführt wird, kann die These aufgestellt werden, dass es in E-Sport-Communitys vor allem der soziale Aspekt ist, der krankhaftem oder suchtähnlichem Verhalten entgegenwirkt (vgl. Breuer 2009, S. 61f.). Weiterhin gilt das Prinzip des „real life first", welches besagt, dass in den meisten Clans akzeptiert wird, wenn Mitglieder ihre Aktivitäten reduzieren oder ganz aufhören, weil es die schulische oder berufliche Situation erfordert (vgl. Geisler 2009, S. 174f.). Solche Verhaltensweisen sind auch bei Profispieler(inne)n zu beobachten und werden von der Szene zwar bedauert, aber vorbehaltlos akzeptiert.

5 Fazit

Über eine theoretische Annäherung konnte aufgezeigt werden, dass die Mitgliedschaft und daraus resultierende Aktivitäten in E-Sport-Communitys Potenziale zur Förderung von Medienkompetenz sowohl für die aktiven Spieler(innen) als auch für diejenigen bieten, die sich auf die Zuschauer- bzw. Konsument(inn)enperspektive beschränken. Neben den förderlichen Aspekten wurde auch der Blick auf mögliche Problematiken gerichtet und es konnte deutlich gemacht werden, dass diese von der Szene selbst wahrgenommen werden und es vermehrt Bemühungen gibt, negativen Entwicklungen entgegenzuwirken.

Medienkompetenzförderung und -entwicklung in den Gemeinschaften des elektronischen Sports finden jedoch ausschließlich als Prozesse des informellen und selbstgesteuerten Lernens statt – nicht im Rahmen entsprechend konzipierter und bewusst gewählter Angebote. Es erscheint auch fragwürdig, ob solche Offerten akzeptiert werden würden. Eine Ausnahme stellen sicher Projekte dar, die von anerkannten Institutionen und Mitgliedern der Community angeboten werden.

Ein Beispiel dafür, dass eine solche Vorgehensweise erfolgreich sein kann, stellt der Clan „n!faculty“ dar, der neben seinen Tätigkeiten im Bereich des (professionellen) E-Sports in seinem Vereinsheim zum Beispiel Programmierkurse anbietet. Eine gezielte Unterstützung und Entwicklung von Projekten dieser Art stellt sich aktuell als der erfolgversprechendste Weg zur gezielten Förderung der Entwicklung von Medienkompetenz in E-Sport-Communitys dar.

Anmerkungen

1 Siehe hierzu auch den vorangegangenen Beitrag von Mazari und Flierl.

2 Die Diskussion darüber, ob sich der E-Sport berechtigterweise als Sport bezeichnet, wird immer noch kontrovers geführt. Aktuell zeichnet sich nicht ab, dass es eine Anerkennung als offizielle Sportart in Deutschland geben wird. Die Fragwürdigkeit der hierfür von den Gegnern herangezogenen Elemente wird in Adamus 2009 diskutiert.

3 Auf der Homepage der Electronic Sports League (ESL) werden aktuell 89 Disziplinen aufgeführt, in denen die Mitglieder in jeweils verschiedenen Ligen teilnehmen können (vgl. ESL 2009).

4 Nachez und Schmoll verweisen auf die Ähnlichkeit der E-Sport Clans mit den stammesgesellschaftlichen Gemeinschaften junger Männer, die in kriegerischen Auseinandersetzungen ihre Kräfte maßen und in diesen „Wettbewerben" den Stärksten ermittelten (Nachez/Schmoll 2002, S. 5).

5 Eine Übersicht über die fünf wohl prominentesten findet sich etwa bei Gapski (2006, S. 17), ein auf dem Ansatz von Dewe und Sander (1996) basierender neuer Vorschlag bei Jarren und Wassmer (2009, insbesondere S. 50).

6 Die Ausführungen basieren auf Jenkins et al. (2006, S. 22ff.) sowie Wagner (o. J.) für die deutsche Übersetzung.

7 Replays sind Aufzeichnungen von Matches im E-Sport, die sich Interessierte aus dem Internet herunterladen und anschauen können. Sie dienen sowohl Unterhaltungszwecken als auch zur gezielten Vorbereitung auf einen Wettkampf im Rahmen des Trainings.

8 Strafpunkte führen u. a. zu einer prozentualen Verringerung von Preisgeldern oder ab einer bestimmten Anzahl zu einer temporären Sperrung des Spieleraccounts. Siehe hierzu auch den vorangegangenen Beitrag von Mazari und Flierl.

Literaturangaben

Adamus, Tanja (2006): Computerspiele. mods, clans und e-sportler. Saarbrücken

Adamus, Tanja (2009): E-Sport: Zum (vergeblichen) Versuch der Abgrenzung des traditionellen Sports von seinem elektronischen Nachwuchs. In: Axster, Felix; Jäger, Jens; Sicks, Kai Marcel; Stauff, Markus (Hrsg.): Mediensport. Inszenierungen und Grenzziehungen. München. S. 229–241

Adamus, Tanja (im Erscheinen): E-Sport as youth culture – in search of an educational explanation for a new research field. In: Fromme, Johannes (Hrsg.): Computer Games/Players/ Game Cultures: A Handbook on the State and Perspectives of Digital Game Studies

Anderson, Craig A.; Dill, Karen E. (2000): Video games and aggressive thoughts, feelings and behaviour in the laboratory and in life. In: Journal of personality and social psychology, Jahrgang 78, Nummer 4, S. 772–790

Anderson, Craig. A.; Bushman, B. J. (2001): Effects of violent video games on aggressive behavior, aggressive cognition, aggressive affect, physiological arousal, and prosocial behavior: A meta-analytic review of the scientific literature. In: Psychological Science, Jahrgang 12, Nummer 5, S. 353–359

Anderson, Craig A. (2004): An update on the effects of violent video games. In: Journal of Adolescence, Jahrgang 27, Nummer 1, S. 133–122

Breuer, Markus (2009): Zur Förderungswürdigkeit des E-Sports. In: Medien + Erziehung, Jahrgang 53, Nummer 3, S. 58–64

Dewe, Bernd; Sander, Uwe (1996): Medienkompetenz und Erwachsenenbildung. In: von Rhein, Antje (Hrsg.): Medienkompetenz als Schlüsselbegriff. Bad Heilbrunn, S. 123–142

ESL (2009): Ligenübersicht – online zugänglich unter: http://www.esl.eu/de/leagues/ (Zugriff 26.08.2009)

Gapski, Harald (2006): Medienkompetenzen messen? Eine Annäherung über verwandte Kompetenzfelder. In: Ders. (Hrsg.): Medienkompetenzen messen? Verfahren und Reflexionen zur Erfassung von Schlüsselkompetenzen, Düsseldorf, München, S. 13–28

Gebel, Christa; Gurt, Michael; Wagner, Ulrike (2005): Kompetenzförderliche Potenziale populärer Computerspiele. In: Arbeitsgemeinschaft Berufliche Weiterbildungsforschung (ABWF) (Hrsg.): QUEM-report 92 E-Lernen: Hybride Lernformen, Online-Communities, Spiele. Berlin, S. 241–376

Gee, James Paul (2007): What Video Games Have to Teach Us About Learning and Literacy. Second Edition: Revised and Updated Edition. New York

Geisler, Martin (2009): Clans, Gilden und Gamefamilies. Soziale Prozesse in Computerspielgemeinschaften. Weinheim

Gentile, Douglas (2009): Pathological Video-Game Use Among Youth Ages 8 to 18. A National Study. In: Psychological Science, Jahrgang 3, Nummer 2, S. 1–9

Hugger, Kai-Uwe (2008): Medienkompetenz. In: Sander, Uwe; von Gross, Friederike; Hugger, Kai-Uwe (Hrsg.): Handbuch Medienpädagogik. Wiesbaden, S. 93–99

Jarren, Otfried; Wassmer, Christian (2009): Medienkompetenz – Begriffsanalyse und Modell. Ein Diskussionsbeitrag zum Stand der Medienkompetenzforschung. In: Medien + Erziehung, Jahrgang 53, Nummer 3, S. 46- 51

Jenkins, Henry; Purushotma, Ravi; Clinton, Katherine; Weigel, Margaret; Robison, Alice J. (2006): Confronting the Challenges of Participatory Culture: Media Education for the 21st Century, online verfügbar unter: http://www.newmedialiteracies.org/files/working/NMLWhitePaper.pdf (Zugriff 23.09.2009)

Kunczik, Michael; Zipfel, Astrid (2004): Medien und Gewalt – Befunde der Forschung seit 1998. Projektbericht für das Bundesministerium für Familie, Senioren, Frauen und Jugend, online verfügbar unter: http://www.bundespruefstelle.de/bmfsfj/generator/bpjm/redaktion/PDF-Anlagen/medien-gewalt-befunde-der-forschung-sachbericht-langfassung,property=pdf,bereich=bpjm,sprache=de,rwb=true.pdf (Zugriff 23.09.2009)

Ladas, Manuel (2002): Brutale Spiele(r)? Wirkung und Nutzung von Gewalt in Computerspielen. Frankfurt am Main

Lammers, Roman (2009): Night bekommt Strafpunkt für Videostatement. Online verfügbar unter: http://www.fragster.de/artikel/7848/night-bekommt-strafpunkt-fur-videostatement_wc3 (Zugriff 23.09.2009)

Medienpädagogischer Forschungsverband Südwest (2008): JIM-Studie 2008. Jugend, Information, (Multi)Media. Online verfügbar unter: http://www.mpfs.de/fileadmin/JIM-pdf08/JIM-Studie_2008.pdf (Zugriff 23.09.2009)

Müller-Lietzkow, Jörg (2006a): Leben in medialen Welten. E-Sport als Leistungs- und Lernfeld. In: Medien + Erziehung, Jahrgang 50, Nummer 4, S. 28–33

Müller-Lietzkow, Jörg (2006b): Sport im Jahr 2050: E-Sport! Oder: Ist E-Sport Sport? In: Medien + Erziehung, Jahrgang 50, Nummer 6, S. 102–112

Nachez, Michel; Schmoll, Patrick (2002): Gewalt und Geselligkeit in Online-Videospielen. In: kommunikation@gesellschaft, Jahrgang 3. Online verfügbar unter: http://www.uni-frankfurt.de/fb03/K.G/B5_2002_Nachez_Schmoll.PDF (Zugriff 23.09.2009)

Prensky, Marc (2007): Digital Game-Based Learning. St. Paul

Reinecke, Leonard; Trepte, Sabine (2009): The Social Side of Gaming. eSports und der Aufbau von Sozialkapital. Online verfügbar unter: http://www.hamburgmediaschool.com/download/medienmanagement/forschungsprojekte/ErgebniszusammenfassungESLStudie.pdf (Zugriff 23.09.2009)

Stoll, Alexander (2009): Killerspiele oder E-Sport? Funktionalität von Gewalt und die Rolle des Körpers in Multiplayer-Ego-Shootern. Boizenburg

Tepe, Daniel (2007): Die LAN-Szene. In: Jugendszenen.com (Hrsg.), online verfügbar unter: http://www.jugendszenen.com/media/docman/LanGaming.pdf (Zugriff 23.09.2009)

Vogelgesang, Waldemar (2003): LAN-Parties. Jugendliche Erlebnisräume zwischen Off- und Online. In: Medien + Erziehung, Jahrgang 47, Nummer 5, S. 65–75

Wagner, Michael (2006a): On the Scientific Relevance of eSports. In: Hamid R. Arabnia: Proceedings of the 2006 International Conference on Internet Computing and Conference on Computer Game Development. Las Vegas, S. 437–440

Wagner, Michael (2006b): Virtueller Wettbewerb. Zur Entwicklung des E-Sport in Korea und Deutschland. In: Medien + Erziehung, Jahrgang 50, Nummer 3, S. 43–46

Wagner, Michael (2007): Competing in Metagame Space. eSports as the first professional metagame. In: von Borries, Friedrich; Walz, Steffen P.; Böttger, Matthias (Hrsg.): Space Time Play. Computer Games, Architecture and Urbanism. The next level. S. 182–185

Wagner, Michael (o. J.): Die 11 Kernkompetenzen der Medienpartizipation, online verfügbar unter: http://www.donau-uni.ac.at/imperia/md/images/department/imb/acgs/msp_poster_a3_150dpi.jpg (Zugriff 23.09.2009)

Michael Lange:
Keine Macht für niemand?

Kompetenzerwerb bei Jugendlichen in selbst verwalteten Onlinewelten

„Meiner Meinung nach lernt man allgemein den sozialen Umgang miteinander. Leute, die viel chatten und wichtige Aufgaben in einem Chat haben, werden mit der Zeit, glaube ich, verantwortungsbewusstere Menschen.“ Birthe, 15 Jahre Kinder und Jugendliche, die sich in Online-Communitys anmelden, finden dort zumeist, neben der sowieso vorgeschriebenen Bestätigung der Nutzungsbedingungen, vorgegebene Verhaltensregeln vor, denen sie sich anpassen müssen oder zumindest sollten. Aber auch hier gehört das Austesten von Grenzen zur ganz normalen Identitätsentwicklung. Was aber passiert, wenn man die Gestaltung einer solchen Community den jugendlichen Nutzern selbst überlässt und die Regeln einem fortlaufenden Diskussionsprozess unterwirft? Was heute in der „realen“ Welt Bestandteil einer demokratischen Kultur ist – nämlich Kinder und Jugendliche an der Gestaltung ihrer Lebensumwelt partizipieren zu lassen – gilt leider für das Internet bisher nicht, obwohl die Netzwelten einen immer größeren Raum im Leben der Kinder und Jugendlichen einnehmen. Dies liegt in erster Linie natürlich daran, dass wir im Netz überwiegend Angebote kommerzieller Anbieter vorfinden, die wenig Interesse haben, sich mit ihren Nutzern auf langwierige und immer wiederkehrende Diskussionen einzulassen. Von der öffentlichen Hand finanzierte Angebote für Kinder und Jugendliche wurden nur wenige geschaffen und dann finanziell zu gering ausgestattet, als dass sie mit kommerziellen Angeboten konkurrieren könnten. An dieser Stelle soll beschrieben werden, was es bedeuten kann und welche Bildungschancen darin liegen, virtuelle Räume für die Partizipation von Kindern und Jugendlichen zu öffnen bzw. neue zu schaffen.

1 Die Cyberland-Community

In dem bereits 1997 begonnenen Projekt „Cyberland" geht es darum, den Erwerb sozialer und demokratischer Kompetenzen durch die Teilnahme an einer „Community of Practice" zu ermöglichen. Auf verschiedenen Ebenen sollte die Cyberland-Community ein Höchstmaß an gestalterischen Möglichkeiten aufweisen: bei der Selbstdarstellung, bei der virtuellen Umgebung, den Regeln und der Verwaltung der Onlinewelt. Ende der neunziger Jahre hielten die ersten Internetanschlüsse Einzug in die Jugendzimmer und entsprechend schnell wuchsen die Anmeldezahlen der ersten Chat-Communitys, die dem Bedürfnis Jugendlicher nach unkomplizierter Kontaktsuche im Internet entgegenkamen. An der Jugendbildungsstätte wannseeFORUM[1], an der ich damals als Dozent für Neue Medien arbeitete, griffen wir 1997 dieses Interesse auf und verbanden es im Rahmen politischer Bildungsarbeit mit der Idee, grafische Gestaltung und Regeln von den Jugendlichen selbst festlegen zu lassen. Unter Chatten verstand man damals die Nutzung eines Textchats, also die Live-Kommunikation per Tastatur, bei der die aktuellen Beiträge chronologisch in einer Liste erschienen. Doch es gab auch damals bereits die Software „ThePalace", die es erlaubte, mit einer kleinen, selbst gestalteten Figur - dem so genannten Avatar als virtuellem Ich des Internetnutzers -sich durch zweidimensionale Räume zu bewegen und dort auf andere Avatare zu treffen. Kommuniziert wurde zwar auch per Tastatur, die Aussagen jedoch wurden als Comicsprechblasen über dem Avatar angezeigt. In Wochenseminaren konnten Berliner Jugendliche in der Bildungsstätte unseren eigenen Palace-Chat „Cyberland"[2] gestalten. Wichtig war uns neben den Diskussionen über richtiges und falsches Verhalten im Internet vor allem der gestalterische Aspekt. Über den Avatar und später auch über die Profilseite in der Online-Community hatten die Jugendlichen die Möglichkeit, mit ihrer Identität zu spielen und verschiedene Charaktere auszuprobieren. Über die Seminare hinaus übernahmen sie anschließend in ihrer Freizeit die Moderation der Cyberland-Welt.

Als Ziel des Cyberlands wurde von den Jugendlichen selbst formuliert, dass die virtuelle Gemeinschaft auch ein Modell und Vorbild für die reale Welt sein soll. An erster Stelle steht dabei die Erweiterung von Partizipationsmöglichkeiten, indem die Jugendlichen selbst Regeln und Mitbestimmungsstrukturen entwickeln, die eine jugendgerechte Kommunikation im Internet ermöglichen. Die Mitbestimmungsfrage wurde in den Seminaren ausgiebig diskutiert und eine „Verfassung“ für das Cyberland entwickelt. Sie legt z. B. fest, dass die Administrator(inn)engruppe des Chatservers alle sechs Monate von den angemeldeten Mitgliedern der virtuellen Community neu gewählt wird. Aufgrund der vielfältigen positiven Rückmeldungen durch die jugendlichen Nutzer(innen) und die Unterstützung von Partner(inne)n aus dem Bildungsbereich war es möglich, das Cyberland auch mit Abschluss der Seminarreihe 1999 weiterzuführen. In der Folge wurden vor allem die Funktionen der Online-Community mit Userprofilen, Diskussionsforen und Online-Votings erweitert. Der Chat war am Anfang noch relativ unbekannt und selten traf man dort im ersten Jahr abends mehr als vier Jugendliche gleichzeitig an. Durch vielfältige Kooperationen mit Jugendeinrichtungen und Verlinkung von anderen Jugendwebsites steigerte sich die Nutzerzahl in den folgenden Jahren sehr langsam, aber stetig. Die jugendlichen Moderator(inn)en kamen nun aus dem gesamten deutschsprachigen Raum und waren mir und ihren Teamkolleg(inn)en zumeist nie real begegnet. Insofern war es auch ein kleiner Höhepunkt, als wir im Sommer 2005 zwei bundesweite reale Treffen der damaligen aktiven Jugendlichen organisieren konnten. Mit täglich über 300 Chatbesucher(inne)n und am Nachmittag zwischen 50 und 70 gleichzeitig anwesenden Kindern und Jugendlichen wurde im Sommer 2007 der Höhepunkt erreicht. Seitdem schwankt die Besucher(innen)zahl sehr stark. Ein Grund liegt für mich zum einen darin, dass ich meine ehrenamtliche Moderation stark reduzieren musste. Zum anderen dürften technische Probleme eine Rolle spielen, ebenso wie die wachsende Konkurrenz: Bei Jugendlichen geht die Chatnutzung zugunsten von sozialen Online-Communitys wie schülerVZ allgemein zurück. Waren es Ende der neunziger Jahre die 16- bis 18-Jährigen, sind es heute eher die 12- bis 14-Jährigen, die den grafischen Chat nutzen. Die Moderation und technische Administration liegt nun weitgehend bei einer kleinen Gruppe engagierter Jugendlicher, die sich aber nach wie vor alle sechs Monate der Onlinewahl aller angemeldeten Community-Mitglieder stellt.

Um das Projekt weiterzuentwickeln, sah ich mich schon früh nach Softwarealternativen um und stieß dabei bereits 2003 auf „Second Life“, das in diesem Jahr online ging. In „Second Life“ bewegt sich der Besucher mit seinem

Abb. 1: Wahl im Cyberland im Teen Second Life.

Avatar durch eine dreidimensionale Welt, kann fliegen oder verschiedene Transportmittel benutzen. Trifft er auf andere Bewohner(innen), kann er im Textchat und seit 2007 auch per Stimme mit ihnen kommunizieren. Fast alle dreidimensionalen Objekte in Second Life – Häuser, Möbel, Fahrzeuge, Kleidung usw. – sind von den Nutzer(innen) selbst gestaltet. Eine eigene „Second Life"-interne Währung gestattet es, diese Objekte zu kaufen und zu verkaufen. Die Nutzer(innen) der Onlinewelt können sich Grundstücke mieten, auf denen sie dann ihr virtuelles Zuhause errichten, einen eigenen Shop einrichten oder einen Club eröffnen. Nach dem großen Medienhype um „Second Life" im Jahr 2007,[3] als auch zahlreiche große Firmen und Marken Präsenzen in „Second Life" errichteten, ist es mittlerweile etwas ruhiger um die virtuelle Welt geworden. Trotz einiger negativer Berichte steigen jedoch weiterhin die Besucher(innen)zahlen und gerade im Bildungsbereich nutzen immer mehr Hochschulen die Möglichkeit, dort Vorlesungen und Konferenzen abzuhalten. Neue konkurrierende Onlinewelten wie Twinity und Sony Home zeugen von der anhaltenden Attraktivität virtueller Welten. Bis zu 70.000 Avatare sind derzeit gleichzeitig in Second Life online.[4] Der Grund für die Entscheidung, das Cyberland-Projekt in „Second Life“ weiterzuführen,[5] war für mich nicht unbedingt die grafisch attraktive Dreidimensionalität, die sich an den bei Jugendlichen sehr beliebten Computerspielen orientiert, sondern vielmehr die Möglichkeit, den eigenen Avatar und die gesamte Umgebung komplett selbst gestalten zu können. Dies zeichnet „Second Life“ auch heute noch gegenüber anderen Onlinewelten aus. Zudem verfügt „Second Life“ über ein sehr komplexes Rechtesystem, was die Verwaltung der virtuellen Grundstücke betrifft. Dies ermöglicht es, sowohl einzelnen Personen als auch Gruppen genau definierte Bereiche zur eigenen Gestaltung zu überlassen. Der Durchführung von medienpädagogischen Projekten standen in der Anfangszeit von „Second Life“ zum einen die hohen technischen Anforderungen an den PC und die Internetverbindung, zum anderen die Altersbeschränkung ab 18 Jahren entgegen. Erst im Jahr 2005, mit dem Start des „Teen Second Life“ für 13- bis 17-jährige, das vollständig vom normalen „Second Life“ getrennt ist, änderte sich dies.

Seit November 2007 betreibt mein Verein Metaversa e. V. die erste und bisher einzige Insel für deutschsprachige Jugendliche im „Teen Second Life“: „Metaversa Island“.[6] In Kooperation mit Jugend Online/Netzcheckers[7] finden dort Onlineworkshops mit Jugendlichen zur Erprobung neuer Lernformen statt. Jugendliche sollen motiviert werden, in der Onlinewelt kreativ und sozial tätig zu werden. Schulen und Jugendeinrichtungen, die eigene Projekte im „Teen Second Life“ initiieren möchten, können ein eigenes Grundstück auf der Insel mieten. Da sich nicht alle Communityfunktionen komplett in der Onlinewelt abbilden lassen, wurde parallel eine Online-Community eingerichtet, in der die Diskussionsforen zum Austausch der Communitymitglieder untereinander eine wichtige Rolle spielen. Die neue Cyberland-Community auf „Metaversa Island“ wurde im Januar 2008 mit einem ersten dreitägigen Online-Workshop gestartet. 15 Jugendliche diskutierten online über ihre Vorstellungen einer Onlinegemeinschaft und brachten Ideen für die Gestaltung der Insel ein. Sie erlernten die Gestaltung eigener 3D-Objekte und des eigenen Avatars. Es wurden fünf Gruppen gegründet, die jeweils verschiedene Aufgaben übernahmen: Erstellen von Regeln, Organisation von Events, Kontakt zu amerikanischen Jugendlichen, Gestaltung der Insel mit Gebäuden und Hilfe für neue Mitglieder.

In einem weiteren dreitägigen Online-Workshop im März 2008 stellten die Gruppen ihre Ergebnisse vor. Die endgültigen Regeln der Community wurden festgelegt und der Modus für die Wahlen einer Administrator(inn)engruppe, die in Zukunft die Verwaltung des Communitylandes übernehmen soll. Die Wahlen fanden im Mai 2008 statt. Eine fünfköpfige Gruppe von Jugendlichen trifft seitdem alle Entscheidungen über die Gestaltung des Landes und kann diese entsprechend an andere Gruppen oder einzelne Mitglieder delegieren. Nach den Ideen und Wünschen der Jugendlichen wurde die Insel seitdem immer wieder umgestaltet. Eines der wichtigsten Gebäude war von Anfang an das Einkaufszentrum, in dem es sowohl viele kostenlose Objekte und Kleidung gibt, die Jugendlichen aber auch eigene Objekte gegen die interne Währung, den „Linden Dollar", verkaufen und so selbst Geld verdienen können. Daneben wurde zwischenzeitlich eine Burg als Treffpunkt der Gruppe eingerichtet, ein Fußballstadion, eine Kartbahn und ein Wohngebäude, in dem sich die Jugendlichen selbst Räume mit eigenen Objekten einrichten können. Aufgrund verschiedener Probleme mit der Nutzer(inn)enregistrierung im „Teen Second Life" ist geplant, mit der gesamten Community demnächst auf einen eigenen Server „umzuziehen", der die gleichen Funktionen wie „Second Life" beinhaltet, dann aber wieder unabhängig von einer kommerziellen Firma betrieben werden kann. Damit wäre auch die derzeitige Beschränkung auf die Altersgruppe der 13–17-Jährigen aufgehoben.

2 Bildungschancen in virtuellen Welten

Die neue Cyberland-Community auf „Metaversa Island" im „Teen Second Life" setzt fort, was 1997 mit dem Chatprogramm „ThePalace" begonnen wurde. Das Ziel liegt auch hier im informellen Lernen verschiedener Kompetenzen durch die eigene soziale Interaktion, bezeichnet als „knowing in action". Pädagog(inn)en in der Rolle des Coaches schaffen entsprechende Lernsettings, kooperieren mit den Lernenden und setzen im Idealfall eine Reihe informeller Lernprozesse in Gang. Wichtig beim Cyberland-Projekt ist,

Abb. 2: In der alten 2D-Cyberland-Community.

dass niemand gezwungen wird, sich zu engagieren und Aufgaben innerhalb der Community zu übernehmen. Wer hier lediglich mit anderen Jugendlichen chatten will, ist ebenso willkommen. Binden sich die Jugendlichen im Laufe der Zeit enger an andere Jugendliche und das Projekt, entsteht – so die Erfahrung – fast automatisch der Wunsch, sich stärker in der Onlinegemeinschaft zu engagieren. Beteiligung ist auf verschiedenen Ebenen möglich: Sie reicht vom Schreiben von Beiträgen im Diskussionsforum, der Teilnahme an Online-Votings über die Gestaltung neuer Communityregeln und -funktionen, der Organisation und Durchführung von Wahlen der Administrator(inn)engruppe, der Moderationstätigkeit im Chat und in den Foren bis hin zur Kandidatur und eventuell dann Mitgliedschaft in der drei- bis fünfköpfigen Administrationsgruppe. Neben dem Knüpfen von Beziehungen im Online-Chat ist für den Erwerb von Reputation vor allem die Qualität der Beiträge im Diskussionsforum entscheidend. Je mehr hier sachlich und inhaltlich diskutiert, für eigene Ideen geworben und nach Kompromissen gesucht wird, desto höher die Wahrscheinlichkeit, Unterstützung durch andere Mitglieder zu bekommen und eigene Interessen verwirklichen zu können. Der Wunsch nach Statusgewinn und Anerkennung setzt hier fast zwangsläufig einen manchmal langen Lernprozess in Gang, der entweder mit Hilfe anderer oder durch „trial and error" beschritten wird.

Über die „Community of Practice" hinaus finden in den Onlinewelten natürlich noch weitere Methoden und Ansätze für die Bildungsarbeit Anwendung, auf die ich hier nur kurz hinweisen möchte.

- Mit der neuen Community-Plattform in „Second Life" kam als weiterer Aspekt hinzu, dass die Community direkter Nachbar anderer weltweit beheimateter Projekte ist. Hier fand schon nach kurzer Zeit ein reger Austausch statt, sowohl informell, indem man sich gegenseitig besuchte, als auch etwas formeller, indem Gruppen gegründet wurden, die gemeinsame Projekte beginnen sollten. Die deutschen Jugendlichen waren dabei sehr bemüht, ihre Englischkenntnisse zu verbessern. Für die interkulturelle Bildung besteht die Chance, sehr unkompliziert internationale Begegnungen in der Onlinewelt zu initiieren.
- Eine wichtige und in der Jugendbildung oft genutzte Methode ist die Eigenproduktion von Lerninhalten durch Recherche und anschließende visuelle Aufbereitung in multimedialen Präsentationen. „Second Life" bietet hier aufgrund der einfachen Gestaltbarkeit von 3D-Objekten eine hervorragende Erweiterung. Zudem können Gruppen gemeinsam in Echtzeit an den Objekten bauen und während der Produktion miteinander kommunizieren. Ergebnis könnten begehbare Ausstellungen mit verschiedenen Foto- und Filmmaterialien sein oder der Nachbau relevanter geschichtlicher oder geografischer Orte.
- Eine spezielle Form der gestalterischen Medienarbeit ist die Erstellung von „Machinimas". Das sind Filme, die nach einem Drehbuch und mit Avataren als Darstellern in Computerspielen oder virtuellen Welten gedreht werden. Durch die hohe Affinität von Kindern und Jugendlichen zu neuen Medien und Computern, können diese sehr einfach zu einer Auseinandersetzung mit verschiedenen sozialen und gesellschaftlichen Fragestellungen mit Hilfe der „Machinimas" motiviert werden.

3 Beobachtungen

Die Motivation der Jugendlichen, die hauptsächlich über Links befreundeter Websites und die Google-Suchfunktion zur Cyberland-Community finden, liegt überwiegend darin, mit anderen Jugendlichen unkompliziert über den Chat ins Gespräch zu kommen und eventuell neue Internetfreundschaften zu finden. Der medienpädagogische Projekthintergrund erschließt sich erst durch genaueres Betrachten der Website. Wir konnten bemerken, dass die besondere, grafisch basierte Art des Chats mit selbst gestalteten Avataren vorwiegend zwei Gruppen von Kindern und Jugendlichen anspricht. Zum einen sind dies Kinder und Jugendliche, die zum ersten Mal einen Chat aufsuchen und sich hier besser zurechtfinden, weil sie sich als kleine Figur durch verschiedene Räume bewegen und durch räumliche Nähe zu anderen einen Kommunikationswunsch signalisieren können – im Unterschied zum Textchat, bei dem Gesprächsstränge manchmal sehr chaotisch ineinander verwoben sind. Die andere Gruppe sind Jugendliche mit Interesse an kreativen Möglichkeiten, die Spaß daran finden, ihren Avatar oder die virtuelle Umgebung gestalterisch zu verändern. Diese Gruppe verfügt zumeist auch schon über fortgeschrittene Internetkenntnisse. Beim Projekt im „Teen Second Life", das von der Bedienung her anspruchsvoller ist, überwog die letzte Gruppe. Das Bedürfnis nach Kontakten zu anderen trat hier gegenüber der Gestaltung von 3D-Objekten in den Hintergrund. Da aber ansonsten die Einstiegsschwellen sehr niedrig gehalten sind (es sind lediglich eine Anmeldung auf der Website und der Download der Software erforderlich), konnten bei beiden Projekten Jugendliche mit sehr unterschiedlichen Bildungshintergründen zur Teilnahme gewonnen werden. Bei bildungsfernen Jugendlichen waren die beobachteten Lernprozesse sehr viel intensiver. Durch die dauerhafte Speicherung der Beiträge in den Diskussionsforen lässt sich bei einzelnen Jugendlichen sehr genau beobachten, wie sie lernten, ihre Kommunikation zu verbessern. In Interviews, die wir mit den Teilnehmer(inne) n geführt haben, bestätigen diese entsprechende Lernerfahrungen und unterstützen die These, dass sich die hier erworbenen Fähigkeiten auch außerhalb der Netzwelten im Alltag nutzen lassen. Die relative Anonymität der Onlineumgebung regt dazu an, verschiedene Verhaltensmöglichkeiten auszuprobieren und angstfrei auf andere Menschen zuzugehen. Gerade Jüngere können Rollen übernehmen, die ihnen im realen Leben erst später erlaubt werden. Sie gründen und moderieren Gruppen, organisieren Veranstaltungen und betreiben eigene Geschäfte, in denen sie selbst gestaltete Objekte verkaufen. Gerade die eher lockere Kommunikation im Internet führt allerdings auch oftmals zu Missverständnissen und sich sehr schnell hochschaukelnden Meinungsverschiedenheiten. Durch die Textbasiertheit fehlen wichtige Kanäle, um einschätzen zu können, welche Reaktionen die eigenen Aussagen bei anderen hervorrufen. In einigen Fällen wurden die spezifischen Internetkommunikationstechniken auch genutzt, um die eigene Machtposition zu stärken. Dies ging in Ausnahmefällen bis zur Erschleichung von Passwörtern anderer Mitglieder oder der Manipulation von Onlinewahlen. Kinder und Jugendliche gehen häufig von den ihnen bekannten hierarchischen Systemen aus. Das hat dazu geführt, dass ich – in meiner Rolle als Pädagoge – oft in strittigen Fragen angesprochen wurde, auch wenn ich die Entscheidungsgewalt darüber abgetreten hatte. Dies ging manchmal bis hin zu der Forderung, bestimmte Administrator(inn)en zu „entlassen". Auf der anderen Seite wurden anerkannte Expert(inn)en oder manchmal auch nur Freunden zusätzliche Rechte erteilt, was anschließend erhebliche Diskussionen in der Gesamtgruppe auslöste, die sehr sensibel auf solche Machtverschiebungen reagierte. Sehr schnell konnten wir auch erfahren, dass die unterschiedlichen Zielvorstellungen immer wieder zu Diskussionen führten. Auf der einen Seite stand dabei die medienpädagogische Intention, mit der Online-Community eine möglichst große Zahl von Kindern und Jugendlichen zu erreichen und diese an der Administration zu beteiligen, auf der anderen Seite hatten die Jugendlichen das Bedürfnis, sich Anerkennung und Status zu erwerben, den sie dann mit möglichst wenigen teilen wollten. Zudem wurde anderen Jugendlichen oft nicht zugetraut, dieselbe Funktion genauso gut ausfüllen zu können, wie man selbst. Das hatte zur Folge, dass Moderator(inn)en oftmals an ihren Positionen festhielten und diese für andere blockierten, obwohl sie offensichtlich das Interesse am Projekt verloren hatten. Die meisten jugendlichen Administrator(inn)en denken zudem nicht daran, wie sich die Community nach ihrem Ausscheiden weiterentwickeln kann. Es besteht kaum Interesse, Nachfolger „einzuarbeiten" und „Neue" werden oftmals eher als Konkurrenz gesehen. Während der letzten Jahre wurde viel mit Modellen experimentiert, wie solche Probleme gelöst werden können. Von den Jugendlichen wurden Onlinekurse entwickelt, die sie als „Lehrer" selbst durchführen, um ihre Kenntnisse an andere weiterzugeben. Es tauchten immer wieder Situationen auf, in denen sich bestimmte Moderator(inn)en sehr viel Autorität erarbeiteten, die die gewählten Administrator(inn)en nicht hatten. Entscheidungen der Administration wurden dadurch in Frage gestellt und/oder einfach nicht befolgt. Solche Blockaden führten oft zu Frustration und einer Lähmung der Aktivitäten. Statt nach Lösungen und Kompromissen zu suchen, fand oft ein Rückzug einer der Konfliktparteien statt. Dass Bindungen im Netz sehr viel flüchtiger als im realen Lebensalltag sind, ist zumindest in diesem Fall für eine Onlinegemeinschaft ein spürbarer Nachteil. Das große und sehr leicht erreichbare Netzangebot macht es möglich, sehr schnell die Community zu wechseln und sein Engagement anderen Projekten zuzuwenden. Um hier den Teilnehmer(inne)n Frustration zu ersparen – und sie nicht zu verlieren –, ist daher eine intensive Moderation erforderlich, die sehr sensibel Spannungen und Konflikte wahrnimmt. Als sehr förderlich hat es sich erwiesen, reale Kontakte in Form von Treffen der Administratorengruppe zu ermöglichen oder „reale" Community-Treffen zu veranstalten. Letztendlich waren und sind es aber gerade auch die Konflikte und Probleme, die intensive Lernprozesse sowohl bei den Teilnehmer(inne)n als auch bei den beteiligten Pädagog(inn)en in Gang setzen und die damit wichtiger Bestandteil des Projekts sind.

4 Schlussfolgerung

Das Cyberland-Projekt war und ist ein aus verschiedenen Blickwinkeln sehr erfolgreiches Projekt – nicht nur durch die große Beliebtheit bei den jugendlichen Nutzer(inne)n, sondern auch durch die medienpädagogischen Erfahrungen, die hier mit selbst organisierten Jugend-Communitys gemacht werden konnten und die in zahlreichen Artikeln und Vorträgen weitergegeben wurden. In Onlinewelten und -Communitys erworbene kommunikative und soziale Kompetenzen lassen sich zum großen Teil auf reale Situationen übertragen, haben aber auch für das Erlernen spezieller „Medienkompetenzen" und das Agieren im Internet eine große Bedeutung, wenn Netztechnologien in Zukunft zunehmend auch in beruflichen Zusammenhängen ein wichtiger Teil des Arbeitsplatzes werden. Durch das niedrigschwellige Chatangebot können darüber hinaus auch bildungsferne Jugendliche erreicht werden. Indem sie sich mit der Community identifizieren und dort Kontakte knüpfen, wurden viele motiviert, sich stärker zu engagieren und Moderationsaufgaben oder die Administration selbst zu übernehmen. Dazu mussten sie sich vor allem an den Diskussionen im Forum beteiligen. Um eine attraktive Online-Community aufbauen und mitgestalten zu können, ist es dabei unumgänglich, sich mit den Wünschen und Ideen anderer auseinanderzusetzen, sich gegebenenfalls gegenüber anderen Ideen zurückzunehmen und bei Uneinigkeit schlichtend einwirken zu können. Dies war für viele ein wichtiger Lernprozess. Wenn Kindern und Jugendlichen die Möglichkeit gegeben wird, eine Onlinewelt selbst zu verwalten, entsteht nicht automatisch eine paradiesische, demokratische Gesellschaft. Zum einen ist Empathie noch nicht besonders ausgeprägt und die rasche, eigene Bedürfnisbefriedigung steht im Vordergrund, zum anderen sind Kinder und Jugendliche bereits geprägt durch die familiären und gesellschaftlichen Machtstrukturen – auch die, die sie in der Schule erleben. Insofern kommt eine partizipative Onlinewelt nicht ohne pädagogische Begleitung aus, die immer wieder Diskussionsprozesse anstößt, Konflikte moderiert und auch Partei ergreift für Kinder und Jugendliche, die neu hinzukommen und noch nicht über entsprechende soziale „Medienkompetenzen" verfügen. Zweifellos machen die Teilnehmer(innen) in der Auseinandersetzung miteinander und der Zusammenarbeit im Team wichtige Erfahrungen und bilden Kompetenzen, die eine demokratische Gesellschaft dringend benötigt. Dass es dafür bisher nur sehr wenige Orte im Netz gibt, ist insbesondere deshalb bedauerlich, weil hier Kinder und Jugendliche erreicht werden können, die sich in der realen Lebenswelt tendenziell eher nicht in sozialen oder politischen Gruppen engagieren. Sehen wir als Ziel von Bildung den mündigen, kritischen Bürger, dann gehört dazu unbedingt, die Onlinewelten als wichtige Lernorte einzubeziehen. Unsere Aufgabe in der Medienpädagogik ist es, Kindern und Jugendlichen diese Räume zu eröffnen und dort Herausforderungen zu bieten, die ihnen neue Handlungskompetenzen erschließen. Dazu gehört ebenso, eine Reflexion der Lernerfahrungen zu ermöglichen und Settings so zu gestalten, dass ein Transfer zum Alltagshandeln möglich wird. Dass dies auch geschützte und sichere Kommunikationsräume sein müssen, versteht sich von selbst. Wie auch im realen Lebensumfeld, sollten Kinder und Jugendliche das Recht haben, an der Gestaltung dieser Räume zu partizipieren und diese für ihre eigenen Interessen nutzen zu können. Keinesfalls sollte die Hoheit über die virtuellen Lebenswelten der Kinder und Jugendlichen alleine den kommerziellen Anbietern überlassen werden.

Anmerkungen

1 Online erreichbar unter: http://www.wannseeforum.de/index_home.php (Zugriff 06.10.2009).

2 Cyberland-Community im Palace-Chat: http://jugendserver.spinnenwerk.de/~virtuellewelt/index.php (Zugriff 06.10.2009).

3 Vgl. Abfrage via Google Trends vom 6.10.2009: http://www.google.de/trends?q=second+life (Zugriff 06.10.2009).

4 Nach eigener Beobachtung.

5 Cyberland-Community im „Teen Second Life": http://www.cyberland.org/ (Zugriff 06.10.2009).

6 Metaversa Island im „Teen Second Life": http://www.metaversa.de/island/ (Zugriff 06.10.2009).

7 Online erreichbar unter: http://www.netzcheckers.de/ (Zugriff 06.10.2009).

Autor(inn)en

Tanja Adamus,

Diplom-Pädagogin, wissenschaftliche Mitarbeiterin an der Universität Duisburg-Essen, Jg. 1979, Studium der Diplom-Pädagogik an der Universität Duisburg-Essen, 2005–2007 Mitarbeiterin am Essener Kolleg für Geschlechterforschung, seit 2007 Mitarbeiterin am Lehrstuhl für Mediendidaktik und Wissensmanagement, Dissertationsprojekt zu Lernprozessen und Kompetenzerwerb im E-Sport, Forschungs- und Interessensschwerpunkte: E-Sport, Lernen in virtuellen Welten, Gender und E-Learning, mediale Praktiken Jugendlicher, Cultural Studies.

Matthias Flierl,

PR-Manager & stellv. Jugendschutzbeauftragter, Jg. 1980, Student der Sozialwissenschaften, Friedrich-Alexander-Universität Erlangen-Nürnberg. In seiner Funktion als stellv. Jugendschutzbeauftragter überwacht er die operative Umsetzung der Jugendschutzmaßnahmen der Electronic Sports League. Er koordiniert Forschungsprojekte mit deutschen und internationalen Hochschulen und betreut Studenten, die im Bereich E-Sport Seminar- und Abschlussarbeiten schreiben möchten.

Maren Gaidies,

Diplom-Pädagogin, ist seit Anfang 2008 im Bereich „schülerVZ User Care“ der studiVZ Ltd. angestellt. Zu Beginn des Jahres 2009 übernahm sie die Leitung dieses Bereichs, der für die Aufklärung und Sensibilisierung der jungen Nutzer, deren Eltern und Lehrer, wie auch für den pädagogischen Jugendschutz auf der Plattform zuständig ist. Bis 2006 Studium der Kleinkindpädagogik mit dem Schwerpunkt Medienpädagogik der Freien Universität Berlin. Davor Praktika beim „JFF – Institut für Medienpädagogik in Forschung und Praxis“ und praktische Erfahrung in der Arbeit mit behinderten Kindern und Jugendlichen während eines einjährigen Auslandsaufenthaltes im Rahmen eines Freiwilligendienstes in Bolivien.

Dr. Harald Gapski,

Kommunikationswissenschaftler (M. A.), Jg. 1966, ist Prokurist, Projektleiter und Leiter der Projektentwicklung der ecmc Europäisches Zentrum für Medienkompetenz GmbH in Marl. Studium der Kommunikationswissenschaft und Philosophie an der Universität Essen (M. A. 1993), dann Media Studies im Rahmen eines Fulbright Stipendiums an der New School for Social Research in New York (M. A. 1995). Im Januar 2001 Promotion mit einer Arbeit zum Thema Medienkompetenz an der Universität Essen. Mitarbeit in Projekten in den Bereichen Media Literacy und Distance Education am Center for Children and Technology (New York) (1994–1995). Wissenschaftlicher Mitarbeiter am Europäischen Medieninstitut in Düsseldorf (1996); seit 1997 Projektentwicklung und Projektleitung mehrerer nationaler und internationaler Projekte am ecmc.

Lars Gräßer,

Kommunikationswissenschaftler (M. A.), Jg. 1969, Projektmanager der ecmc Europäisches Zentrum für Medienkompetenz GmbH in Marl, Gastronomie-Ausbildung in Köln, Studium der Kommunikationswissenschaft, Politologie und Philosophie an der Universität Essen-Duisburg. Freier Mitarbeiter im Eventbereich sowie in der Unternehmenskommunikation der Essener Verkehrs AG, der Hochtief Construction AG u. a., dann 2001 Wechsel zur ecmc GmbH.

Michael Lange,

Jg. 1966, ist freiberuflich als Medienpädagoge in Berlin tätig, u. a. im Verein Metaversa e. V. und für die LAG Medienarbeit Berlin. Schwerpunkte sind der Einsatz des Internets in Schule und Jugendbildung sowie die Konzeption und Beratung von Bildungsprojekten im Bereich Online-Communitys. In „Second Life“ betreut er die Präsenz von Netzcheckers.de, die Metaversa Insel im Teen Second Life und das Wiki „slbildung.info“.

Ibrahim Mazari,

Director Public Relations & Jugendschutzbeauftragter, Jg. 1974, M. A. Soziologie, Psychologie und Orientalistik, Rheinische Friedrich-Wilhelms-Universität (Bonn). In seiner Funktion als Pressesprecher der Turtle Entertainment GmbH verantwortet er die Kommunikation der Electronic Sports League (ESL) und kümmert sich rund um die Themen Jugendschutz und Medienkompetenz. Zuvor leitete Ibrahim Mazari verschiedene Projekte zum Themenfeld Medien und Internet in der Jugendarbeit. Hier koordinierte er u. a. den Aufbau von Jugendzentren.

Bianca Meise,

wissenschaftliche Mitarbeiterin an der Universität Paderborn, Arbeitsbereich Medienpädagogik und empirische Medienforschung, Jg. 1976, Studium Diplom-Medienwissenschaften bis 2007.

Prof. Dr. Dorothee Meister,

Professorin für Medienpädagogik mit dem Schwerpunkt Empirische Medienforschung an der Universität Paderborn, Fakultät für Kulturwissenschaften, Vizepräsidentin für Studium und Lehre der Universität Paderborn, Jg. 1960, Vorstandsmitglied der Gesellschaft für Medienpädagogik und Kommunikationskultur (GMK).

Daniel Poli,

Projektkoordinator Jugend online bei IJAB – Fachstelle für Internationale Jugendarbeit der Bundesrepublik Deutschland e. V., Jahrgang 1975, Studium der Politikwissenschaft in Berlin.

Kontakte

Tanja Adamus
Universität Duisburg-Essen
Lehrstuhl für Mediendidaktik und Wissensmanagement
Forsthausweg 2
47057 Duisburg
Tel.: 0203 - 379-1618
Fax: 0203 - 379-4499
E-Mail: tanja.adamus@uni-duisburg-essen.de
Web: www.mediendidaktik.de

Matthias Flierl
Turtle Entertainment GmbH
Siegburger Str. 189
50679 Köln
Tel.: 0221 - 880449-231
Fax: 0221 - 880449-239
E-Mail: mtf@turtle-entertainment.de
Web: www.turtle-entertainment.de

Maren Gaidies
studiVZ Ltd.
Saarbrücker Straße 38
10405 Berlin
Tel.: 030 - 4050427-315
Fax: 030 - 4050427-27315
E-Mail: mgaidies@schuelervz.net
Web: www.schuelervz.net

Dr. Harald Gapski
ecmc - Europäisches Zentrum für Medienkompetenz GmbH
Bergstraße 8
45170 Marl
Tel.: 02365 - 9404-36
Fax: 02365 - 9404-19
E-Mail: gapski@ecmc.de
Web: www.ecmc.de

Lars Gräßer
ecmc – Europäisches Zentrum für Medienkompetenz GmbH
Bergstraße 8
45170 Marl
Tel.: 02365 – 9404-24
Fax: 02365 – 9404-29
E-Mail: graesser@ecmc.de
Web: www.ecmc.de

Michael Lange
Metaversa e. V.
Bülowstr. 90
10783 Berlin
Tel.: 030 – 530821-70
Fax: 030 – 530821-71
E-Mail: lange@metaversa.de
Web: www.metaversa.de

Ibrahim Mazari
Turtle Entertainment GmbH
Siegburger Str. 189
50679 Köln
Tel.: 0221 – 880449-231
Fax: 0221 – 880449-239
E-Mail: im@turtle-entertainment.de
Web: www.turtle-entertainment.de

Bianca Meise
Universität Paderborn
Fakultät für Kulturwissenschaften
Warburger Straße 100, Raum E2.114
33098 Paderborn
Tel.: 05251 – 603722
Fax: 05251 – 604225
E-Mail: bianca.meise@upb.de
Web: www.upb.de

Prof. Dr. Dorothee M. Meister
Universität Paderborn
Fakultät für Kulturwissenschaften
Warburger Straße 100, Raum E2.108
33098 Paderborn
Tel.: 05251 - 603723
Fax: 05251 - 604225
E-Mail: dm@upb.de
Web: www.upb.de

Daniel Poli
Jugend online/IJAB - Fachstelle für Internationale
Jugendarbeit der Bundesrepublik Deutschland e.V
Godesberger Allee 142-148
53175 Bonn
Tel.: 0228 - 9506-119
Fax: 0228 - 9506-199
E-Mail: poli@ijab.de
Web: www.jugend.info
www.watchyourweb.de
www.netzcheckers.de
www.ijab.de

Schriftenreihe Medienkompetenz des Landes Nordrhein-Westfalen

Band 1

Gapski, Harald (Hg.): Leitbilder für die Wissensgesellschaft. Fallbeispiele, Strategien und Reflexionen. Düsseldorf, München 2005.
ISBN 3-938028-51-3, kopaed, 14,80 €

Die Lebensqualität zu verbessern, das lebenslange Lernen zu fördern und die Medienkompetenz aller gesellschaftlichen Gruppen zu entwickeln, sind drei häufig genannte politische Zielvorstellungen auf dem Weg in die Wissensgesellschaft. Ihre Erreichung verweist auf ein komplexes Handlungsfeld mit vielen Akteuren und heterogenen Zielgruppen. Wenn eine Stadt, eine Region oder ein Land die Herausforderungen der Wissensgesellschaft angehen will, stellt sich die Frage, ob und wie sich vorhandene Zielvorstellungen und laufende Aktivitäten bündeln lassen: Ist hierzu ein Leitbildprozess geeignet?

Der vorliegende Band stellt Erfahrungen unterschiedlicher Leitbildprozesse auf Stadt-, Kreis- und Landes-Ebene vor. Welche Erwartungen gab es an das Leitbild? Wie wurde der Prozess organisiert und welche Erfahrungen wurden gemacht? Welche Strategien wurden für die Zukunft formuliert? Antworten auf diese Fragen geben Christel Egner-Duppich (Geschäftsführerin des Competence Center E-Business Trier), Harald Gapski (Leiter der Projektentwicklung der ecmc Europäisches Zentrum für Medienkompetenz GmbH), Wilfried Kersting (Kreis Borken), Volker D. Wilczek (Leitbildbeauftragter der Stadt Köln) und Ansgar Zerfaß (Prokurist der MFG Medienentwicklung Baden-Württemberg GmbH). Als Erfolgsfaktoren werden unter anderem die Bedeutung einer klaren Zielvorstellung für ein Leitbild, das effektive Prozessmanagement, das Vorhandensein von Promotoren und informellen Netzwerken, die Einbindung gesellschaftlich relevanter Gruppen sowie die prozessbegleitende Evaluation diskutiert.

Band 2

Gehrke, Gernot (Hg.): Datenschutz und Datensicherheit im Internet – Handlungsvorschläge und Gestaltungsmöglichkeiten. Düsseldorf, München 2005.
ISBN 3-938028-52-1, kopaed, 14,80 €

Datenschutz und Datensicherheit sind Schlüsselfaktoren für die weitere Entwicklung des Internets und seiner Anwendungspotenziale. Ohne umfassenden Schutz für die Nutzenden und belastbare Sicherheit der Prozesse sind beispielsweise Geldgeschäfte, Einkauf oder Behördendienste, die online abgewickelt werden, mit erheblichen Risiken belastet.

Viren, Würmer und Trojaner, Phishing und Spam sind aber nicht nur massives Ärgernis und Gefahr für Nutzerinnen und Nutzer des Internets – sie belasten auch die Geschäftsprozesse von und mit Unternehmen, weil sie Vertraulichkeit der Daten sowie Verbindlichkeit, Integrität und Verfügbarkeit von Prozessen in Frage stellen. Risiken für Datensicherheit und Datenschutz bestehen also reichlich. Fraglich ist, wo sich die notwendigen Perspektiven für einen sicheren Umgang mit dem Internet abzeichnen.

Die Beiträge des vorliegenden Bandes machen dazu Handlungsvorschläge und skizzieren Gestaltungsmöglichkeiten für die weitere Entwicklung von Datensicherheit und Datenschutz im Internet. Autorinnen und Autoren sind Thomas Faber (secure-it.nrw.2005), Dr. Gernot Gehrke (ecmc Europäisches Zentrum für Medienkompetenz GmbH), Dr. Dirk Häger (Bundesamt für die Sicherheit in der Informationstechnik), Prof. Dr. Firoz Kaderali (Fern-Universität Hagen), Prof. Dr. Jörg Schwenk, Sebastian Gajek (eurobits, Bochum), Karin Schuler (Deutsche Vereinigung für Datenschutz), Bettina Sokol (Landesbeauftragte für Datenschutz und Informationsfreiheit NRW) und Prof. Dr. Claus Ulmer (Datenschutzbeauftrager Deutsche Telekom AG).

Sie zeigen aus ihren ganz spezifischen Perspektiven, wie das Problem bislang behandelt wurde, welche Lösungsansätze erprobt worden sind und wie Erfolg versprechende Lösungsansätze aussehen können. Die Beiträge machen deutlich: Nach wie vor fehlt es an Aufklärung. Ziel muss, so die Expertinnen und Experten, ein Konsens über die Bedeutung von Sicherheitsfragen bei der Nutzung des Internets in allen gesellschaftlichen Bereichen sein.

Band 3

Gapski, Harald (Hg.): Medienkompetenzen messen? Verfahren und Reflexionen zur Erfassung von Schlüsselkompetenzen. Düsseldorf, München 2006.
ISBN 3-928028-53-X, kopaed, 14,80 €

Der Begriff Medienkompetenz ist seit Jahren Gegenstand medienpädagogischer, -wirtschaftlicher, -politischer und -rechtlicher Diskussionen. Während im nationalen und internationalen Berufsbildungsdiskurs zahlreiche Verfahren und Instrumente zur Erfassung unterschiedlicher Kompetenzdimensionen entwickelt worden sind, gibt es erst wenige Ansätze für den Anwendungsbereich Medienkompetenz: Welche Eingrenzungen und Differenzierungen sind zur Erfassung dieses Bereichs notwendig? Wie könnten vorliegende Erfahrungen zur Erfassung oder Messung allgemeiner Schlüsselkompetenzen für den spezielleren Fall der Medienkompetenzerfassung nutzbar gemacht werden?

Mit diesen Ausgangsfragen befassen sich die hier vorliegenden Beiträge der folgenden Autorinnen und Autoren: Dr. Harald Gapski (ecmc Europäisches Zentrum für Medienkompetenz GmbH), PD Dr. Dieter Gnahs (Deutsches Institut für Erwachsenenbildung), Dr. Lutz Goertz (MMB Institut für Medien- und Kompetenzforschung), Klaudia Haase (d & d Gesellschaft für angewandte Bildungsforschung mbH), Dirk Schneckenberg (Universität Dortmund) und Vera Timmerberg (Bundesvereinigung Kulturelle Jugendbildung).

Vorgestellt und diskutiert werden unterschiedliche Ansätze und Beispiele aus dem In- und Ausland zur Dokumentation, Erfassung und Messung von Kompetenzen hinsichtlich einer möglichen Übertragbarkeit auf Medienkompetenz. Zur Sprache kommen dabei Instrumente wie (e)Portfolio-Techniken, Weiterbildungspässe sowie computergestützte Kompetenzmessverfahren.

Diesen Instrumenten liegen unterschiedliche Kompetenzkonzepte in ihren jeweiligen gesellschaftlichen Anwendungs- und Zielgruppenbereichen (Arbeit, Kultur, Bildung usw.) zugrunde. Zukünftige Verfahren zur Medienkompetenzerfassung könnten durchaus an vorhandene Instrumente anknüpfen und sollten zugleich internationale Konzepte und Referenzrahmen zur Kenntnis nehmen. Indes bleibt die Herausforderung bestehen, zwischen kontextspezifischem Zuschnitt und gesellschaftlichem Querschnitt von Medienkompetenzen das rechte Maß zu finden.

Band 4

Klaus Solbach & Wolfgang Spiegel (Hrsg.): Entwicklung von Medienkompetenz im Hochschulbereich. Perspektiven, Kompetenzen und Anwendungsbeispiele. Schriftenreihe Medienkompetenz des Landes Nordrhein-Westfalen, Band 4 München/Düsseldorf 2005, 160 Seiten.
ISBN-10 3-938028-94-7, ISBN-13 978-3-938028-94-0, kopaed, 14,80 €

Trotz zunehmender Popularität von eLearning-Anwendungen sind „medienkompetente Lehr- und Lernformen“ auch in den Hochschulen vielerorts noch keine Selbstverständlichkeit. Dabei wird inzwischen von fast jedem Berufseinsteiger erwartet, mit Informations- und Kommunikationstechnologien kompetent umgehen zu können, Medien zielgerichtet für bestimmte Zwecke einzusetzen und sich kritisch und verantwortungsvoll mit den Inhalten auseinanderzusetzen. Medienkompetenz müsste daher eigentlich schon längst zum integralen Bestandteil auf allen Ebenen der beruflichen Aus- und Weiterbildung geworden sein.

Jenseits von Grundlagen, die in der Schule vermittelt werden, ist Medienkompetenz gerade im akademischen Bereich dringend erforderlich – schließlich werden hier diejenigen ausgebildet, die später in verantwortungsvollen Positionen auch die Aus- und Weiterbildung des Nachwuchses mitgestalten. Notwendig wird die „digitale Hochschule“ zudem nicht nur angesichts des (medien-)technologischen Fortschritts, sondern auch aufgrund der infrastrukturellen Anforderungen, die sich aus den gewandelten Hochschulstrukturen ergeben. Mit der Entwicklung medienkompetenter Ansätze im Hochschulbereich beschäftigt sich daher der aktuell erschienene Band 4 der „Schriftenreihe Medienkompetenz des Landes NRW“. Wie muss die Lehre auf Konvergenzentwicklungen reagieren? Wie lässt sich medienkompetentes Lehrpersonal qualifizieren? Wie kann innovativen Lehr- und Lernkonzepten Nachhaltigkeit verliehen werden? Welchen Einfluss haben webbasierte Lehrangebote auf die Kommunikation und den Lernerfolg?

Antworten auf diese Fragen geben die Beiträge der folgenden Autorinnen und Autoren: Heimo H. Adelsberger und Jan M. Pawlowski (Universität Duisburg-Essen), Michael Kerres und Britta Voß (Universität Duisburg-Essen), Friedrich W. Hesse u. a. (Institut für Wissensmedien), Andreas Harrer u. a. (Universität Duisburg-Essen), Wolfgang Kühn, Martin Stein sowie Karsten Blankenagel u. a. (Bergische Universität Wuppertal).

Band 5

Gehrke, Gernot (Hg.): Public-Private-Partnerships in der Medienkompetenzförderung – Potenziale und Grenzen. Schriftenreihe Medienkompetenz des Landes Nordrhein-Westfalen, Band 5, Düsseldorf, München 2006.
ISBN-10 3-938028-93-9, ISBN-13 978-3-938028-93-3, kopaed, 14,80 €

Die Vermittlung und Förderung von Medienkompetenz setzt eine anspruchsvolle Infrastruktur in öffentlichen Einrichtungen voraus: Bücher, Bilder, Filme, Computer, Datennetze und vieles mehr müssen angeschafft, dem medientechnischen Fortschritt angepasst und gepflegt werden. Das bedeutet einen erheblichen, kontinuierlichen Investitionsbedarf für die öffentlichen Haushalte. Häufig fällt in diesem Zusammenhang das Schlagwort „Public-Private-Partnership" (PPP), also die langfristige Kooperation zwischen öffentlicher Hand und privater Wirtschaft.

Der vorliegende Band bündelt die Erfahrungen mit PPPs aus unterschiedlichen Bereichen in NRW und darüber hinaus. Welche Erwartungen gab es an die PPP? Wurden diese erfüllt oder enttäuscht? Wie gestaltet sich die Zusammenarbeit zwischen öffentlicher Hand und privater Wirtschaft?

Die Autoren und Autorinnen dieses Bandes formulieren Antworten auf diese Fragen vor dem Hintergrund ihres spezifischen Arbeitsbereichs im täglichen Umgang mit PPPs. Autoren bzw. Autorinnen sind Dr. Frank Littwin (Finanzministerium NRW, PPP Task Force), Hans Georg Lohe (Stadt Düsseldorf, Kulturamt), Frank Buchwald (Stadt Köln, Gebäudewirtschaft) sowie Margit Breiderhoff (Stadtbibliothek Selm). Die Expertinnen und Experten sind sich sicher: PPPs bieten für die Medienkompetenzförderung viele Potenziale, auch wenn sie als Finanzierungsalternative nur bedingt zu empfehlen sind. Das verdeutlichen die Beiträge dieses Bandes.

Band 6

Gehrke, Gernot (Hg.): Web 2.0 – Schlagwort oder Megatrend? Fakten, Analysen, Prognosen. Schriftenreihe Medienkompetenz des Landes Nordrhein-Westfalen Band 6, München/Düsseldorf 2007, 119 Seiten.
ISBN-10 3-86736-206-8, ISBN-13 978-3-86736-206-1, kopaed 14,80 €

Während Web 2.0 den einen noch ein Rätsel ist, haben die anderen schon die Revolution ausgerufen. Immer mehr Menschen nutzen soziale Software wie Blogs oder Wikis, um sich zu informieren, soziale Netzwerke aufzubauen oder ihr Wissen und ihre Meinung öffentlich zu machen. Immer häufiger werden Arbeiten online durchgeführt. Ein Massenphänomen ist das noch nicht, aber eines, dessen mögliche Konsequenzen breit diskutiert werden.

Welche Konsequenzen hat das Arbeiten im Netz für das Lernen, für die Organisation von Arbeit oder auch die Sicherheit von Daten? Welche Folgen hat die stärkere Einbeziehung der Nutzenden in Hinblick auf die Qualität der Angebote oder auch die Wahrung der Anonymität im Netz? Können neue demokratische Potenziale entfaltet werden, neue Zugangschancen entstehen? Finden sich tatsächlich neue Angebote, neue Nutzungsformen? Wie ändern sich die Geschäftsmodelle, wie müssen sich Unternehmen auf kollaborative Nutzungsformen einstellen? Sind Anbieter und Nutzer gleichermaßen darauf vorbereitet, mit Web 2.0 umzugehen?

Band 6 gibt dem Begriff Web 2.0 Kontur und nimmt die jeweils unterschiedlichen Konsequenzen der aktuellen Entwicklungen in den Blick. Autoren dieses Bandes sind Michael Kerres und Axel Nattland (Universität Duisburg-Essen, LearningLab), Franz Josef Wesener (Landesbeauftragte für Datenschutz und Informationsfreiheit NRW), Mathias Schindler (Wikimedia e. V.), Torsten Ahlers (America Online, Deutschland), Alexander Felsenberg (Bundesverband für Digitalwirtschaft), Uwe Knüpfer (Onruhr.de) sowie Gernot Gehrke und Lars Gräßer (ecmc) Deutlich wird: Web 2.0 bedeutet eine große Herausforderung für die individuelle, aber auch für die organisationale Medienkompetenz. Es gilt, neue Konzepte für den Umgang mit dem Internet zu entwickeln, damit die Potenziale des Web 2.0 ausgeschöpft, Chancen potenziert und Risiken minimiert werden.

Band 7

Lars Gräßer & Monika Pohlschmidt (HG): Praxis Web 2.0 – Potenziale für die Entwicklung von Medienkompetenz. Schriftenreihe Medienkompetenz des Landes Nordrhein-Westfalen Band 7, München/Düsseldorf 2007, 170 Seiten.
ISBN-10 3-86736-207-6, ISBN-13 978-3-86736-207-8, kopaed 14,80 €

Auch wenn der sperrige Begriff Web 2.0 für viele noch Rätsel aufgibt, wird die Anwendung der damit bezeichneten Technologien selbstverständlicher: Immer mehr Menschen tauschen sich in digitalen Netzwerken aus, stellen Texte, Töne und (bewegte) Bilder ins Netz, bearbeiten online Fotos oder nutzen webbasierte Programme zur Textverarbeitung und Tabellenkalkulation. Und langsam lässt sich damit sogar Geld verdienen, wie die spektakulären Verkäufe in letzter Zeit belegen.

Die Autoren und Autorinnen des vorliegenden Bandes nutzen die Potenziale der Web-2.0-Anwendungen zur Medienproduktion – aus unterschiedlichen Motiven und zu unterschiedlichen Zwecken –, reiben sich aber gleichzeitig an Datensicherheitsproblemen, institutionellen Schranken, am teilweise innovationsfeindlichen Klima (von Schule) beim Lernen mit Web 2.0 oder an der uneindeutigen Rechtslage, etwa bei der Verwendung von Musikstücken im Zuge der digitalen Verbreitung von Audio- oder Videopodcasts. Eine umfangreiche Projektliste rundet die Beiträge zu unterschiedlichen Anwendungsmöglichkeiten ab. Sie gibt Einblicke in die dynamisch anwachsende Vielfalt der Angebote im Web 2.0 und stellt einige Good-Practice-Beispiele vor.

Die Autoren und Autorinnen sind im Einzelnen: Dr. Harald Gapski und Lars Gräßer (beide ecmc), Dominik Birk und Felix Gröbert (beide Ruhr-Universität Bochum), Claudia Elsner-Overberg und Dr. Marius Fränzel (Stadtbibliothek Solingen), Wolfgang Dax-Romswinkel (Medienzentrum Rhein-Sieg), Daniel Fiene (Radio Q/Was mit Medien).